ÉVOLUTION

Des livres pour vous faciliter la vie !

Jennifer MCCARTNEY
De la joie d'être bordélique

Nicole BORDELEAU
L'Art de se réinventer

Jacques H. PAGET
Le Pouvoir de la force mentale
Les clés d'un moral d'acier

Thich NHAT HANH
S'asseoir en plein conscience

Thich NHAT HANH
Manger en pleine conscience

Allan & Barbara PEASE
La Réponse
Si la vie est un jeu, en voici les règles !

Thich NHAT HANH
Aimer en pleine conscience

Lise BOURBEAU
Stop au contrôle !
Et si votre relation à la nourriture vous permettait de mieux vous connaître ?

Anne THOUMIEUX
Le Livre du lagom
L'art suédois du ni trop, ni trop peu

Meik WIKING
Le Livre du Lykke
Le tour du monde des gens heureux

LE LIVRE DU LYKKE

[PRONONCER LU-KEU]

LE TOUR DU MONDE DES GENS HEUREUX

MEIK WIKING

Président de l'Institut de recherche sur le bonheur de Copenhague

Traduction de l'anglais
par Marion McGuiness

FIRST
ÉDITIONS

Titre original :
The Little Book of Lykke. The Danish Search for the World's Happiest People,
publié par Penguin Books Ltd.

MIXTE
Papier issu de sources responsables
FSC® C003309
FSC www.fsc.org

Pocket, une marque d'Univers Poche, est un éditeur qui s'engage pour la préservation de l'environnement et qui utilise du papier fabriqué à partir de bois provenant de forêts gérées de manière responsable.

Mise en page : Stéphane Angot.

ISBN : 978-2-266-22215-0
Dépôt légal : janvier 2019

Sommaire

Chapitre 1

La chasse au trésor

La chasse au trésor

« En quoi avons-nous foi, Sam ? »
« Il y a du bon en ce monde, monsieur Frodo.
Il faut se battre pour cela. »

Comme Tolkien, Hemingway a écrit un jour que le monde est un endroit bon qui mérite qu'on se batte pour le conserver. Ces temps-ci, plus facile de remarquer les batailles que le bon. Il est plus simple de se laisser envahir par le ciel gris et les nuages noirs, pourtant nous devrions peut-être tous être davantage comme Samsaget Gamgie (avec quand même, si possible, un peu moins de poils aux pattes), et voir ce qui est bon dans ce monde qui est le nôtre.

Rita, une amie à moi, a grandi en Lettonie pendant l'ère soviétique. Ce n'était peut-être pas comparable au Mordor, mais c'était une période de crainte et de méfiance, pendant laquelle toutes les fenêtres étaient fermées d'un rideau, et toutes les communautés façonnées par la suspicion et la misère. De temps à autre, un camion rempli de bananes arrivait du Viêtnam. Ne sachant pas quand serait de retour le camion, mon amie et sa famille en achetaient autant que leurs moyens le leur permettaient, et que leurs bras pouvaient porter.

Alors l'attente commençait, car les bananes étaient trop vertes pour être mangées. Les fruits étaient stockés dans une pièce sombre pour les faire mûrir plus vite. Observer les bananes passer du vert au jaune tenait de la magie dans une ville qui n'était que cinquante nuances de gris. Enfant, Rita pensait que seules trois couleurs existaient : le noir, le gris et le marron. Son père avait décidé de bouleverser cette croyance et l'emmena faire une chasse au trésor partout dans la ville : à la recherche de la couleur, du beau et du bon en ce monde.

C'est la raison d'être de ce livre : vous emmener à la chasse au trésor, à la poursuite du bonheur, pour trouver le bon qui existe dans ce monde et le mettre en lumière afin que ensemble, nous l'aidions à grandir. Les livres sont de formidables outils pour répandre les idées. Mon précédent ouvrage, *Le Livre du Hygge*[1], partageait avec le monde entier le concept du bonheur quotidien à la danoise.

1. Traduit et publié aux éditions First (novembre 2016), puis Pocket (janvier 2018).

LYKKE
LU
KEU

Ce livre encourageait les lecteurs à se concentrer sur les plaisirs simples de la vie et, depuis sa sortie, j'ai reçu de très nombreuses lettres bienveillantes du monde entier.

L'une d'entre elles était écrite par Sarah, qui enseigne à des enfants de 5 ans au Royaume-Uni, et s'intéresse depuis très longtemps à la santé mentale de ceux-ci, et à l'influence du bonheur sur leur capacité à apprendre. « J'ai lu votre livre, et décidé d'introduire du *hygge* dans ma classe », m'écrivait-elle. Elle me racontait que sa classe avait installé des guirlandes électriques, qu'ils partageaient leurs collations, allumaient des bougies et appréciaient l'heure du conte ensemble. « Nous avons même projeté une vidéo YouTube d'un feu de cheminée sur notre tableau blanc interactif pour donner une ambiance plus chaleureuse à la pièce. Pendant ces longues journées d'hiver qui semblent tellement mornes après Noël, ce feu redonne le sourire à toute la classe et au personnel. Je cherche maintenant à trouver le moyen de mesurer l'impact de tout cela sur le bien-être des enfants, mais je me dis que leurs visages souriants et détendus sont une mesure suffisante ! »

C'est précisément mon travail en tant que directeur de l'Institut de recherche sur le bonheur à Copenhague : mesurer, comprendre et créer du bonheur. À l'institut, nous explorons les causes et les effets du bonheur humain et travaillons à améliorer la qualité de vie de tous, à travers le monde.

Mon travail m'a amené à discuter avec des habitants de tous les coins de la Terre : maires successifs de Copenhague, vendeurs de cuisine de rue mexicains, chauffeurs de taxi indiens et même ministre du Bonheur des Émirats arabes unis. Ce travail m'a appris deux choses :

Premièrement, que nous soyons danois, mexicain, indien, émirien ou de toute autre nationalité, nous sommes avant tout des êtres humains. Nous ne sommes pas si différents. Les espoirs des uns à Copenhague ou à Guadalajara et les rêves des autres à New York, Delhi ou Dubaï se tournent tous vers la même lueur à l'horizon : le bonheur. *Lykke* est le mot danois pour « bonheur », mais vous connaissez peut-être *felicidad* si vous êtes espagnol, *glück* ou *happiness* si vous êtes allemand ou britannique. Quel que soit le mot, l'heure du conte accrochera de la même façon des sourires sur les visages dans toutes les classes, où que vous soyez dans le monde.

Il y a quelques années, je suis parti au ski avec des amis en Italie. Nous avions fini notre journée de descentes et profitions du soleil autour d'un café sur le balcon de notre chalet. Alors, l'un d'entre nous s'est souvenu qu'il restait de la pizza au réfrigérateur, et je me suis exclamé : « C'est ça, le bonheur ? Je crois bien que oui. » Et je n'étais pas le seul à le penser. Bien que de nationalités différentes – danoise, indienne et américaine – nous avons tous senti que partager de la nourriture entre amis sous la douce chaleur du soleil de mars, face à de magnifiques montagnes recouvertes de neige, ça ressemblait sacrément au bonheur. Même si nous étions nés sur des continents différents, avions été à l'école dans des langues différentes, nous partagions ce même sentiment.

À une échelle beaucoup plus grande et scientifique, nous pouvons utiliser ces informations pour comprendre quels sont les dénominateurs communs du bonheur. Depuis de nombreuses années, ce type d'études est mené dans le domaine de la santé : par exemple, qu'ont en commun les gens qui vivent jusqu'à 100 ans ? Grâce à ces études, nous savons que l'alcool, le tabac, l'activité physique et le régime alimentaire ont une influence sur l'espérance de vie.

À l'Institut de recherche sur le bonheur, nous utilisons les mêmes méthodes pour comprendre ce qui compte en matière de bonheur, de satisfaction et de qualité de vie.

Permettez-moi de vous guider jusqu'au cœur de l'Institut de recherche sur le bonheur – la capitale du bonheur : Copenhague.

Le Danemark : superpuissance du bonheur ?

Il est 16 heures à Copenhague. Les rues sont remplies de cyclistes, car les gens ont quitté leur travail pour aller chercher leurs enfants à l'école.

Un couple qui partage ses cinquante-deux semaines de congés maternité et paternité rémunérés se promène près du canal. Un groupe d'étudiants se baigne dans l'eau claire du port, insouciants, parce que non seulement l'université est gratuite, mais en plus chacun reçoit une allocation mensuelle équivalente à 650 euros (après prélèvements des charges) de la part du gouvernement. Tout fonctionne parfaitement au Danemark. Enfin, presque. Il y a quatre ans, un train est quand même arrivé avec cinq minutes de retard. Tous les passagers ont reçu une lettre d'excuse signée du Premier ministre et, en compensation, une chaise design de leur choix.

Avec ce genre de gros titres ces dix dernières années, il est plutôt facile de voir le Danemark comme une sorte d'utopie.

Danemark : le pays le plus heureux du monde

Copenhague : la capitale heureuse

Danemark, où la joie est toujours de saison

L'endroit le plus heureux du monde

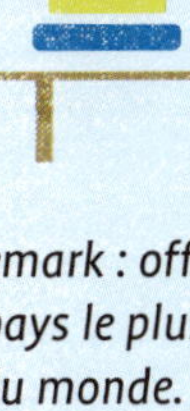

Danemark : officiellement le pays le plus heureux du monde. Encore.

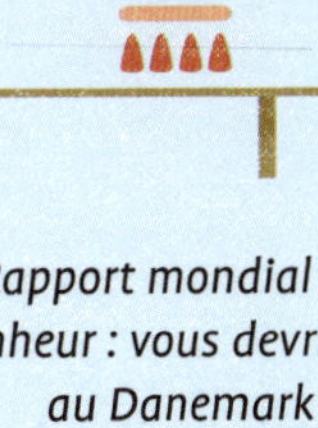

Rapport mondial sur le bonheur : vous devriez vivre au Danemark

B.T.

Qu'une chose soit bien claire entre nous : j'adore le Danemark, que ce soit comme scientifique du bonheur ou citoyen. Quand je vois des enfants de 7 ans pédaler seuls et en toute sécurité sur le chemin de l'école, je souris. Quand je vois des parents laisser en toute confiance leurs enfants endormis dans leur poussette, sans surveillance, devant un café, je souris. Quand je vois des gens se baigner dans l'eau propre du port intérieur de Copenhague, je souris.

Pour moi, c'est finalement logique qu'un pays pacifique, où l'accès aux soins de santé est universel et gratuit, où les jeunes peuvent étudier à l'université quels que soient les revenus de leurs parents et où les petites filles peuvent imaginer devenir Premier ministre, soit parmi les plus heureux au monde, selon les Rapports mondiaux sur le bonheur commandés par les Nations unies.

Pour autant, est-ce que cela signifie que le Danemark est une société parfaite ? Non. Est-ce que je pense que le Danemark garantit à ses citoyens des conditions *relativement* bonnes pour qu'ils bénéficient d'une qualité de vie et d'un niveau de bonheur *relativement* hauts ? Oui. Je sais aussi que le Japon possède la plus longue espérance de vie du monde, mais cela ne veut pas dire que tous les Japonais vivent exactement 83,7 années.

Le Danemark fait régulièrement partie des pays les plus heureux du monde, mais il est essentiel de comprendre que ces classements sont basés sur des moyennes. Par exemple, dans le dernier Rapport mondial sur le bonheur, les Danois ont exprimé une moyenne de 7,5 sur une échelle allant de 0 à 10.

Cela signifie aussi que certaines choses fonctionnent vraiment très bien, et que d'autres sont pourries au royaume du Danemark. Les pays scandinaves réussissent très bien aux classements du bonheur, mais ni les Danois, ni les Norvégiens, ni les Suédois ne possèdent le monopole du bonheur. Vivre au Danemark m'a appris que, même si l'on peut apprendre beaucoup des pays scandinaves en termes de qualité de vie, on peut aussi prendre des leçons de bonheur de citoyens du monde entier. Les clés du bonheur se cachent partout sur la planète, et c'est à nous de les réunir.

Si nous regardons le Rapport mondial sur le bonheur, on observe un écart de quatre points entre le pays le plus heureux et le pays le moins heureux. Trois de ces points s'expliquent par six facteurs : être ensemble ou sentiment de communauté, l'argent, la santé, la liberté, la confiance et la bonté. J'ai dédié un chapitre à chacun de ces facteurs, pour explorer ensemble les raisons pour lesquelles ils affectent notre bien-être. Nous prendrons des leçons de bonheur de partout dans le monde et découvrirons ainsi les différents moyens pour devenir encore plus heureux – et, enfin, comment imbriquer toutes ces pièces ensemble pour créer une carte au trésor du bonheur.

En même temps, 80 % des différences de niveau de bonheur partout dans le monde se trouvent à l'intérieur même de chaque pays. En d'autres termes, il y a des Danois très heureux comme des Danois très malheureux – comme des Togolais très heureux et des Togolais très malheureux. C'est une chose d'étudier les politiques mises en place par les pays, mais notre comportement et notre approche de la vie en est une tout autre.

Alors, quels sont les dénominateurs communs à tous les gens heureux sur Terre, que peut-on apprendre des différents pays du monde en matière de bonheur et quelles actions peuvent être entreprises pour nous permettre d'être toujours plus heureux ?

Voici quelques-unes des questions auxquelles ce livre se donne pour objectif de répondre : il lèvera le voile sur les secrets des gens les plus heureux de la planète et cherchera le bon qui existe en ce monde. Partons ensemble à la chasse au trésor !

Chapitre 2

Comment mesurer le bonheur ?

Comment mesurer le bonheur ?

Le 9 novembre 2016, j'ai été réveillé en urgence à 5 heures du matin par l'alarme de l'hôtel où je séjournais. Je me trouvais au cœur de Paris pour une série d'interviews, et le premier anniversaire des attentats dans la capitale approchait.

Devant l'entrée, les voyageurs se tenaient tous ensemble, à moitié réveillés, emmitouflés dans leurs peignoirs blancs. À 5 h 30, les autorités annoncèrent la fin de l'alerte, mais il était inutile de tenter de me rendormir. L'adrénaline parcourait encore mes veines et, comme je revenais alors d'un séjour en Asie, mon horloge interne avait sept heures d'avance sur le fuseau local. Je me suis dit que je pourrais aussi bien travailler, et j'ai ouvert ma valise pour sortir mon ordinateur portable. C'est à cet instant que je me suis rendu compte que j'avais laissé mon ordinateur tout neuf dans l'avion (vérifiez toujours la poche du siège devant vous !). Je n'avais sauvegardé les premiers chapitres de ce livre nulle part ailleurs que sur cet ordinateur.

J'étais frustré, fatigué et en colère contre moi-même. J'avais vraiment besoin d'une bonne nouvelle et, comme les résultats de l'élection présidentielle américaine devaient avoir été annoncés à cette heure-là, je me suis dit que j'allais me remonter le moral en suivant le discours de victoire de la première femme présidente des États-Unis. J'ai donc allumé la télévision.

Ce jour-là, j'avais huit interviews successives. Huit journalistes, qui me poseraient très probablement tous la même question : « Vous étudiez le bonheur, alors, à quel point êtes-vous heureux ? »

Alors, à quel point j'étais heureux ? Peut-on quantifier les sentiments ? Comment mesurer le bonheur ? La manière dont le monde a mesuré

le bonheur pendant des décennies peut se résumer à cela : imaginez deux amis qui se revoient après une longue séparation. « Comment vas-tu ? » demande le premier à l'autre. « Je gagne 40 800 euros par an », répond le second. Personne ne se parle comme ça, et pourtant, c'est exactement la façon dont le bien-être est traditionnellement mesuré. Nous avons décidé que l'argent égale le bonheur. Et si l'argent peut être significatif, ce n'est pas le seul facteur qui fait notre bonheur.

C'est hélas ainsi que tout le monde mesurait le bonheur jusqu'à récemment. Nous avons utilisé le revenu comme miroir du bonheur, du bien-être ou de la qualité de vie, et nous sommes appuyés sur le PIB par personne pour mesurer nos progrès en tant que nations. Une des raisons à cela, c'est que le revenu (national ou personnel) est objectif. Alors que le bonheur ne l'est pas. Le bonheur est subjectif.

C'est souvent la première réaction qu'ont les gens quand ils entendent que l'Institut de recherche sur le bonheur tente de mesurer le bonheur :

> *« Comment pouvez-vous mesurer le bonheur ? C'est tellement subjectif. »*

Oui, bien sûr, le bonheur est subjectif, c'est sa nature même. Mais pour moi, ce n'est pas un problème. Ce qui m'intéresse pour mes recherches, c'est comment vous vous sentez dans votre vie. C'est ce qui compte, et j'estime que vous êtes le mieux placé pour juger si vous êtes heureux ou non. Votre ressenti est notre nouvel instrument de mesure ; puis j'essaie de comprendre pourquoi vous vous sentez ainsi. Si vous êtes plus heureux que votre voisin, qui a une maison plus grande, une belle voiture et une épouse parfaite, selon nos calculs, c'est vous qui faites ce qu'il faut.

Travailler avec des mesures subjectives est difficile, mais pas impossible. Nous le faisons tout le temps quand il s'agit du stress, de l'anxiété ou de la dépression, qui sont des phénomènes tout aussi subjectifs. En fin de compte, tout cela revient à la façon dont on perçoit sa vie, en tant qu'individu.

Le bonheur peut avoir une signification différente pour des personnes différentes. Il est possible que vous ayez une certaine vision du bonheur, et moi une autre. Aujourd'hui, nous collons l'étiquette du bonheur sur de multiples objets, ce qui, d'un point de vue scientifique, rend le sujet difficile à aborder. C'est pourquoi notre première étape doit être de diviser le concept du bonheur en ses différents composants.

Par exemple, si nous souhaitions étudier l'état de notre économie, nous nous intéresserions à des indicateurs tels que le PIB, la croissance, les taux de chômage et d'intérêt. Chaque indicateur nous fournit une information supplémentaire sur la santé de notre économie. Il en va de même pour le bonheur : c'est un terme parapluie. Il faut donc le décomposer en ses différentes facettes. Revenons à ce matin-là à Paris. À quel point étais-je heureux ?

À ce moment-là, je m'en voulais beaucoup d'avoir oublié mon ordinateur, j'étais fatigué et triste d'apprendre que tant d'Américains s'apprêtaient à affronter plusieurs années difficiles. En bref : en colère, fatigué et triste. Heureux ? Pas vraiment, et si éloigné de ce balcon baigné de soleil au cœur des Alpes, assis avec des amis autour d'un reste de pizza.

D'un autre côté, j'étais au beau milieu d'une tournée internationale pour la promotion de mon livre et j'avais la chance d'échanger avec des gens du monde entier sur mon travail et le bonheur, donc la vie ne me traitait pas si mal que ça.

Les trois dimensions du bonheur

La première étape quand on étudie le bonheur, c'est de bien faire la différence entre être heureux à un instant T, et être heureux en général dans sa vie. Ces deux états se nomment respectivement *dimension affective* et *dimension cognitive*.

La dimension affective – également appelée hédonique – s'intéresse aux émotions que les gens ressentent au quotidien. Si vous repensez à hier, étiez-vous déprimé, triste, anxieux, inquiet ? Avez-vous ri ? Vous êtes-vous senti heureux ? Aimé ?

Pour analyser la dimension cognitive, il faut prendre du recul et évaluer sa propre vie. À quel point êtes-vous satisfait de votre existence en général ? Quel est votre niveau de bonheur global ? Imaginez la meilleure vie que vous pourriez avoir, et la pire. Où vous situez-vous, à cet instant précis ? Peut-être que votre meilleure vie possible implique d'être riche et célèbre, ou de rester au foyer pour instruire vos enfants en famille. Pour moi, ce sont des rêves tout aussi valables. Ce qui compte c'est de mesurer à quel point ce que vous vivez se rapproche de ce rêve.

Bien sûr, les dimensions affective et cognitive sont liées. Si vos journées sont remplies d'émotions positives, il est probable que vous ressentiez un niveau de bonheur global plus élevé. De même, nous vivons tous des matinées affreuses, tout en ayant conscience d'avoir une vie fantastique en général.

Pour compliquer un peu les choses, permettez-moi de vous présenter la troisième dimension appelée *eudémonie*. Ce terme vient du grec ancien et signifiait bonheur. Sa définition se base sur la perception du bonheur par Aristote : une bonne vie est une vie qui a du sens et un but. Dans cet ouvrage, je me concentrerai surtout sur le bonheur global – la dimension cognitive – des gens qui pensent avoir une vie merveilleuse, mais nous nous intéresserons aussi à nos humeurs quotidiennes.

Idéalement, une fois que ces trois dimensions ont été cernées, ce que nous faisons, à l'Institut de recherche sur le bonheur, c'est de suivre les gens dans le temps. Pas comme des harceleurs flippants, mais comme des scientifiques.

Nous suivons d'importants groupes de personnes pendant de longues périodes pour étudier l'impact des changements dans leur vie sur leur bonheur. Si je suis amené à vous suivre vous, ainsi que 10 000 autres personnes, certains bouleversements vont forcément se produire au cours de la prochaine décennie et modifier votre niveau de bonheur. Certains vont tomber amoureux, d'autres vont se séparer, certains auront une promotion, et d'autres perdront leur emploi. Au cours des dix années à venir, tout le monde aura des hauts et des bas, nous assisterons à des victoires et à des défaites – et nous rencontrerons au moins un scientifique distrait, toujours habillé d'une veste à renforts aux coudes, qui oubliera son ordinateur dans un avion. La question que nous nous posons alors est la suivante : comment ces événements affectent-ils les différentes dimensions du bonheur ? Quel est l'impact moyen sur la satisfaction globale d'une vie si on voit son salaire doubler, si on se marie ou si on déménage à la campagne ? C'est précisément cela que nous essayons de comprendre.

Ce n'est pas facile. Même si on observe, en général, que les gens habitant à la campagne sont plus heureux que ceux vivant dans de grandes villes, personne ne peut être certain de ce qui est la cause et de ce qui est l'effet. Peut-être que les gens qui déménagent pour vivre dans une grande ville sont moins heureux non pas à cause de la ville elle-même, mais à cause du type de personne que l'on est quand on vit dans une grande ville. Peut-être que les gens attirés par les grandes villes sont plus ambitieux, et le revers de la médaille pour cette ambition est une insatisfaction chronique vis-à-vis du statu quo.

Moyenne globale des Rapports mondiaux sur le bonheur 2013-2017

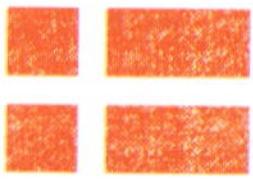

1er
Danemark
7,57

2[e]
Suisse
7,56

3[e]
Norvège
7,55

Niveaux de bonheur moyen, sur une échelle de 0 à 10

Islande : **7,48**

Finlande : **7,41**

Canada : **7,4**

Pays-Bas : **7,4**

Suède : **7,35**

Australie : **7,3**

Nouvelle-Zélande : **7,28**

Israël : **7,26**

Autriche : **7,17**

Costa Rica : **7,16**

États-Unis : **7,07**

Puerto Rico : **7,03**

Irlande : **6,97**

Luxembourg : **6,93**

Belgique : **6,93**

Mexique : **6,9**

Brésil : **6,85**

Oman : **6,85**

Allemagne : **6,84**

Émirats arabes unis : **6,81**

Royaume-Uni : **6,79**

Panama : **6,77**

Singapour : **6,66**

Chili : **6,65**

Idéalement, il faudrait que nous fassions des expériences avec des jumeaux identiques, en les séparant à la naissance et en tirant à pile ou face pour décider lequel des deux grandirait et vivrait toute sa vie en ville, et l'autre à la campagne. Mais le gouvernement estime que je n'ai pas le droit de faire ça.

En d'autres termes, la science du bonheur est émaillée de nombreux facteurs incontrôlables et de pièges. Mais le moyen le plus sûr de ne jamais rien apprendre dans ce domaine, c'est bien de refuser de se mouiller en affirmant que c'est tout simplement impossible.

J'attends toujours qu'on me sorte un argument convaincant pour me prouver que le bonheur est bien la seule chose dans ce monde qu'on ne puisse étudier avec une approche scientifique. Certes, c'est sans doute plus aisé de rester assis au fond d'un fauteuil confortable, les bras croisés, à répéter encore et encore que non, ce n'est pas faisable ; mais ceux qui raisonnent ainsi n'ont jamais découvert de nouveau continent ou envoyé d'homme sur la Lune. Ce qui me rend fier d'appartenir à la race humaine – avec tous nos défauts et nos failles –, c'est notre curiosité et notre imagination infinies. Nous sommes la seule espèce capable d'observer une planète rouge et aride et de nous demander comment l'atteindre. Alors pourquoi ne devrions-nous pas aussi repousser les limites de notre qualité de vie ?

De grandes choses naissent parfois de minuscules débuts.

Chapitre 3

Être ensemble

Rituels de la table et des flammes

Devant le chalet où, enfant, je passais mes étés, s'étendait une grande prairie ouverte. L'herbe poussait si haut que mon frère et moi pouvions y construire des tunnels de verdure et y jouer pendant des heures. Courant juin, la prairie était tondue, et l'odeur d'herbe fraîchement coupée me rappellera toujours ces jours-là.

L'herbe était compressée en balles de foin qui passaient lentement du vert au jaune sous le soleil estival. À l'époque, j'étais persuadé qu'il s'agissait en fait de grosses briques de Lego oubliées par les *jætter* – les géants surnaturels de la mythologie nordique. Pour autant, cela n'empêchait ni les enfants du quartier ni moi-même d'y bâtir des maisons et des labyrinthes, avant que le champ ne soit vidé pour faire de la place pour le feu de joie du solstice d'été. Et même si cette fête est un rituel païen, elle reste pour moi encore aujourd'hui ma tradition préférée. Le soleil nordique se couche sous une nuit sans obscurité et des feux de joie sont allumés partout dans le pays pour célébrer le jour le plus long de l'été. Ne l'oubliez pas, les Danois sont les descendants directs des Vikings, et nous adorons regarder des trucs brûler : des feux de joie, des bougies, des villages. Tout est bon.

Je ne suis pas sûr d'avoir su vraiment ce qu'était le bonheur à ce moment-là, les pieds nus dans l'herbe, le visage réchauffé par le feu, un morceau de pain frais au creux de la paume, les mains de mes parents posées sur mes épaules, mais je suis sûr d'avoir ressenti alors ce que je passerais ma carrière à essayer de comprendre. Enfant, je ne possédais pas les mots pour le décrire, mais je suis sûr d'avoir perçu, en plus du bonheur, un sentiment de communauté, d'appartenance, d'être à ma place. C'était ma tribu.

La faculté qu'ont les flammes et les plaisirs de la table de rapprocher les gens, par-delà les cultures et les frontières, est quasiment universelle. Parfois, il ne faut rien de plus que la lumière d'une bougie pour créer un sentiment de communauté autour de nos tables.

« Tiens, je t'ai pas dit », m'a lancé Janic. Ce journaliste canadien venait juste de m'interviewer à l'Institut de recherche sur le bonheur à Copenhague. « Après avoir lu ton livre sur le *hygge*, je suis sorti acheter des chandeliers qu'on a commencé à allumer au moment du dîner. » Janic et sa femme ont trois fils : des jumeaux de 18 ans et un garçon de 15 ans. « Au début, quand je me suis mis à allumer des bougies pour le dîner, les garçons me disaient : "Eh, il se passe quoi ? C'est quoi cette ambiance romantique ? Tu veux dîner en tête à tête avec maman ?" Il leur a fallu une petite période d'adaptation, puis tout le monde s'est mis à allumer des bougies pour dîner. Et surtout, le plus important, j'ai remarqué que nos dîners de famille durent maintenant plus longtemps, de 15 à 20 minutes de plus, parce que – comment je peux dire ça ? – les bougies mettent les garçons d'humeur à parler. Ils ne se contentent plus de se goinfrer, ils savourent leur vin et nous racontent leur journée. L'heure du dîner n'est plus uniquement un moment pour se restaurer, mais pour être ensemble. »

Nos langues nous rappellent que partager de la nourriture alimente davantage que simplement le corps. Le partage de nourriture nourrit nos amitiés, renforce nos liens, et entretient notre sentiment de communauté ; et ces facteurs sont essentiels à notre bonheur.

Qu'il s'agisse de l'anglais « companion », de l'espagnol « compañero » ou du français « copain », tous ces mots viennent du latin com *et* panis, *« avec qui on partage le pain ».*

S'intéresser aux rituels alimentaires de la table et du feu est la première étape pour comprendre qu'une bonne vie se construit sur des liens et un sens. Que notre richesse ne se mesure pas à la taille de nos comptes en banque mais à la force de nos relations, à la santé de nos proches et à notre niveau de gratitude. Le bonheur, ce n'est pas de posséder une plus grosse voiture mais de savoir que nous faisons partie de quelque chose de plus grand que soi – d'une communauté – et que nous sommes embarqués tous ensemble dedans.

Ce que l'Institut de recherche sur le bonheur et le Rapport mondial sur le bonheur ont découvert, c'est que les pays les plus heureux ont un fort sens de la communauté, et que les gens les plus heureux ont quelqu'un sur qui compter en cas de besoin. Ce n'est ainsi pas du tout un hasard si les Danois comptent à la fois parmi les plus heureux du monde, et parmi ceux qui passent le plus de temps avec leurs famille et amis, confiants que leurs proches seront là pour les rattraper s'ils tombent.

Pourcentage de personnes qui pensent pouvoir compter sur leurs amis en cas de besoin

Nouvelle-Zélande : **98,6 %**

Islande : **95,7 %**

Danemark : **95,5 %**

Espagne : **95,5 %**

Irlande : **95,3 %**

Australie : **95,1 %**

Finlande : **94,2 %**

Canada : **93,9 %**

Suisse : **93,5 %**

Royaume-Uni : **93,4 %**

Luxembourg : **93,4 %**

Norvège : **93,1 %**

Autriche : **92,5 %**

Suède : **92,3 %**

Allemagne : **92,3 %**

Slovaquie : **92,2 %**

Japon : **91,0 %**

Russie : **90,7 %**

Italie : **90,7 %**

République tchèque : **90,3 %**

Estonie : **90,2 %**

États-Unis : **90,1 %**

Brésil : **90,0 %**

Afrique du Sud : **89,5 %**

France : **89,4 %**

Slovénie : **88,9 %**

Belgique : **88,4 %**

Pays-Bas : **87,9 %**

Pologne : **86,3 %**

Israël : **85,7 %**

Portugal : **85,1 %**

Lettonie : **84,2 %**

Turquie : **83,6 %**

Grèce : **83,4 %**

Chili : **82,5 %**

Hongrie : **82,2 %**

Corée du Sud : **75,8 %**

Mexique : **75,3 %**

Source : OCDE, *Indicateur du Vivre Mieux 2016*

Projet bonheur

Mangez comme les Français – créez des rituels de la table et des flammes

Prenez le temps de manger. Reprenez la main sur votre pause-déjeuner, asseyez-vous avec vos amis, votre famille et vos collègues pour profiter de votre repas lentement, et en bonne compagnie.

« Et pour le dessert ? »

« Pas de dessert, mais je prendrais bien un café pour terminer. Un café américain[1]. »

Après une conférence donnée à Paris, j'avais mon après-midi de libre et je suis allé déjeuner dans un petit restaurant près du musée d'Orsay, à la limite des VIe et VIIe arrondissements.

« Pas de dessert, et vous commandez un café américain à Paris. Vous êtes bien courageux », m'a répondu le serveur en souriant.

L'alimentation est prise très au sérieux en France. Et c'est encore plus flagrant dans leurs écoles publiques. À la cantine, on sert aux enfants des repas avec entrée, plat et dessert : par exemple, de la salade, puis du veau en sauce avec des brocolis et champignons, et de la tarte aux pommes – sans compter le pain et le fromage, bien sûr. Les serviettes en tissu et les couverts en inox révèlent à quel point les rituels autour du repas sont presque aussi importants que le repas lui-même. Il convient de s'asseoir et de manger calmement. Les Français mangent ensemble, et c'est peut-être une des raisons pour lesquelles les Français sont ceux qui passent le plus de temps à manger chaque jour. De plus, malgré ces trois repas par jour et tout ce temps passé à table, la France compte un taux d'obésité parmi les plus bas d'Europe. C'est peut-être parce que les gens mangent davantage quand ils sont assis devant la télé.

---

1. Également appelé « café allongé ».

Selon une étude menée par l'université de Liverpool, publiée dans le *Journal américain de nutrition clinique*, cette augmentation peut atteindre 25 %. Et si la plupart des pays émettent des recommandations nutritionnelles officielles sur le nombre optimal de portions de fruits et légumes à avaler chaque jour, une des recommandations données par la France est de ne pas manger seul. Un conseil que nous devrions tous suivre plus souvent.

La belle vie et le bien commun

Ces cinq dernières années, j'ai expliqué à plus de mille personnes pourquoi le Danemark, et plus généralement la Scandinavie, sont si bons élèves en bonheur. Souvent, les gens me demandent : « Les Danois sont parmi les plus taxés et imposés au monde, comment peuvent-ils être si heureux ? »

Oui, le Danemark a l'un des taux d'imposition les plus hauts du monde. Le revenu moyen au Danemark est d'environ 39 000 euros par an, et le Danois moyen paie environ 45 % d'impôts sur le revenu. Si vous gagnez plus de 61 500 euros par an, un impôt supplémentaire s'ajoute, pour atteindre un niveau d'imposition de 52 %.

Pourtant, je pense que les Danois sont heureux non pas *malgré* ces forts impôts, mais *grâce* à ces forts impôts ; et je suis sûr que la plupart des Danois seraient d'accord avec moi. Près de 9 personnes sur 10 vivant au Danemark affirment être heureuses de payer leurs impôts, selon une étude Gallup menée en 2014. Tout vient du fait de savoir que le bonheur ne dépend pas de la possession d'une grosse voiture, mais de la certitude que toutes les personnes que vous connaissez et aimez seront soutenues quand elles en auront besoin. Un élément important du bon fonctionnement des pays nordiques est la compréhension du lien entre une belle vie et le bien commun. Nous ne payons pas d'impôts, nous achetons une qualité de vie. Nous investissons dans notre communauté.

En danois, le mot pour dire communauté est *fællesskab. Fællesskab* se divise en *fælles*, qui signifie « commun » ou « partagé », et *skab*, qui peut vouloir dire soit « placard », soit « créer ». Non seulement la communauté représente nos placards communs (nos provisions partagées), mais elle est aussi une entité que nous créons ensemble. Je trouve l'idée très belle.

9 personnes sur 10 au Danemark affirment être heureuses de payer leurs impôts

Tout comme les Allemands, nous autres Danois adorons les mots composés. C'est peut-être à cause du climat froid que les mots aiment se câliner. *Råstofproduktionsopgørelsesskemaudfyldningsvejledning* est le mot qui désigne un mode d'emploi pour remplir un questionnaire sur la production de matières premières. C'est aussi la raison pour laquelle, au Danemark, le Scrabble est considéré comme un sport extrême et la cause principale des blessures au poignet. Dans le dictionnaire danois officiel édité par la Société pour la langue et la littérature danoises, il existe soixante mots formés autour de *fællesskab*.

Parmi lesquels...

Bofællesskab **:**

Une communauté d'habitations

Fællesgrav **:**

Un caveau, ou tombe partagée, c'est-à-dire où plusieurs personnes sont enterrées ensemble

Fællesskabsfølelse **:**

Un sens de la communauté

Fællesøkonomi **:**

Une économie partagée, par exemple lorsque les couples ont un compte joint

Skæbnefællesskab **:**

Un destin commun

Fællesskøn **:**

Un genre partagé. Alors que la plupart des langues ont des noms masculins et féminins, les noms danois se divisent en genre neutre ou genre commun. Ce sont des noms hermaphrodites, en gros.

Bofællesskab – Le bonheur dans la communauté

Les maisons dessinent un cercle ouvert autour de la cour commune. C'est le mois de juin, le ciel est d'un bleu frais, le jardin vit des bruits des enfants qui y jouent. Les petits de différentes familles entrent et sortent des habitations en courant.

À l'opposé de bien des enfants aujourd'hui, ces filles et ces garçons grandissent dans un rare mélange de liberté et de sécurité. Certains jouent au kubb – un jeu sur l'herbe qui remonterait à la période viking, et qui consiste à jeter des bâtons sur d'autres bâtons. Un chien regarde la scène, comme si ce jeu était la plus belle invention du monde.

« Eh, Mikkel, voyou ! » crie l'un des hommes en nous souriant. Jørgen est l'un des résidants de la communauté, et il connaît bien Mikkel.

Mikkel a grandi ici. Il vit à Copenhague maintenant, mais l'été dernier nous sommes retournés dans sa maison d'enfance pour aller chercher son père à l'occasion de notre voyage en mer annuel. Ils naviguent et je prends des photos, que j'appelle des « merfies ». Malgré ça, ils continuent de m'inviter chaque année. Impossible de se garer devant la maison car les places de stationnement se trouvent en bord de communauté, et il faut donc marcher au moins 40 mètres et traverser la cour à pied pour rejoindre la maison des parents de Mikkel. Aucun hasard là-dedans : l'espace est conçu pour encourager les conversations impromptues entre les habitants.

Cet endroit s'appelle Fælleshaven. Oui, encore un nouveau mot composé. *Fælles* signifie « commun » et *haven* « jardin ». C'est un *bofællesskab*. *Fællesskab* signifie « communauté » et *bo* « vivre ».

Un *bofællesskab* est une communauté d'habitations dont l'origine est danoise, mais qui s'est rapidement répandue dans le reste de la Scandinavie, et au-delà.

L'idée est née de personnes mécontentes des modes de vie actuels. L'une d'entre elles était Bodil Graa. Elle a écrit un article d'opinion intitulé « Les enfants devraient avoir cent parents », invitant ceux qui pensaient pareil à prendre contact avec elle. Nombre d'entre eux le firent, et en 1972, la construction de la *bofællesskab* Sætterdammen était achevée. Cette communauté se composait de vingt-sept maisons indépendantes et d'une grande maison commune, située près de Hillerød, au nord de Copenhague. Elle existe toujours et soixante-dix personnes y vivent. Il y a une liste d'attente pour les gens qui voudraient acheter un logement vacant. Aujourd'hui, environ 50 000 personnes habitent dans des communautés au Danemark, et leur popularité est croissante.

Parmi les centaines de *bofællesskaber* au Danemark se trouve Fælleshaven, où mon ami Mikkel a grandi. Elle accueille seize familles, et en tout vingt enfants. Le *bofællesskab* est conçu à la fois pour la vie privée et la vie ensemble. Chaque famille dispose d'une maison privée, avec toutes les commodités traditionnelles, mais les maisons individuelles sont rassemblées autour d'un espace partagé, un jardin, une cuisine et une salle à manger communes. Les familles vivent séparément, et pourtant ensemble.

Si elles le souhaitent, du lundi au jeudi, les familles peuvent manger ensemble. En général, il y a entre trente et quarante participants à ces dîners. Un repas adulte coûte environ 20 couronnes (2,70 euros), et les repas enfants moitié prix. Pour vous donner une idée de combien c'est bon marché, un café au lait à Copenhague vous délestera de 40 couronnes.

Mais ce n'est pas le prix de ces repas partagés qui attire la plupart des gens. Ce qui intéresse en particulier les familles avec des enfants en bas âge, c'est de savoir qu'il n'y aura pas de marathon logistique des courses et de préparation du dîner à gérer. Au lieu de ça, les parents aident leurs enfants à faire leurs devoirs, jouent au kubb ou leur montrent comment faire un bon feu de camp. Une semaine tous les six mois environ, les enfants font partie de l'équipe qui prépare le dîner, et les aînés apprennent à cuisiner. Cela prend environ trois heures, entre la préparation du dîner et la vaisselle à faire, avec bien sûr une pause pour dîner entre les deux, et prendre un café après. Mais la plupart des soirs, les habitants de Fælleshaven peuvent se reposer et attendre que la cloche sonne et les appelle à table.

En plus de la salle à manger et du feu de camp, Fælleshaven possède aussi un potager partagé, une aire de jeux et un terrain de sport, un studio d'art, un atelier et des chambres d'amis supplémentaires, si vous n'avez pas assez de place pour les loger chez vous. Ce mode de vie permet aux enfants d'avoir toujours quelqu'un avec qui jouer. Les familles n'ont jamais besoin de chercher une baby-sitter. Si les parents souhaitent aller au cinéma ou au théâtre, il leur suffit d'envoyer les enfants chez leurs amis de l'autre côté de la cour.

Selon le Bureau national des statistiques du Danemark, le nombre de *bofællesskaber* a augmenté de 20 % ces six dernières années. Ces communautés sont particulièrement attractives pour les familles à la recherche d'un environnement de soutien pour leurs enfants, et pour leurs parents âgés, qui risquent de tomber dans un isolement social.

Il y a quelques années, l'anthropologiste danois Max Pedersen a mené une grande étude sur les *seniorbofælleskaber*, les communautés d'habitations pour les personnes âgées, et a découvert « qu'il est difficile de lire ces données et résultats autrement que comme un succès pour le concept de *bofælleskaber* » : 98 % des résidants affirmaient se sentir en sécurité dans leur communauté, 95 % très satisfaits de leur mode de vie – mais le chiffre que je trouve le plus intéressant est que 70 % indiquaient avoir au moins quatre amis parmi leurs voisins.

Et vous, connaissez-vous les prénoms de vos voisins – et diriez-vous qu'ils sont des amis ?

Aujourd'hui, le concept de *bofælleskaber* prend de l'ampleur dans le monde, et gagne en popularité au Canada, en Australie et au Japon. Des centaines de communautés sont nées en Allemagne, aux États-Unis et aux Pays-Bas. En 2014, *The Guardian* faisait état de plus de soixante projets de communautés d'habitations dans les tuyaux au Royaume-Uni.

Parmi vos voisins, combien considérez-vous comme des amis ?

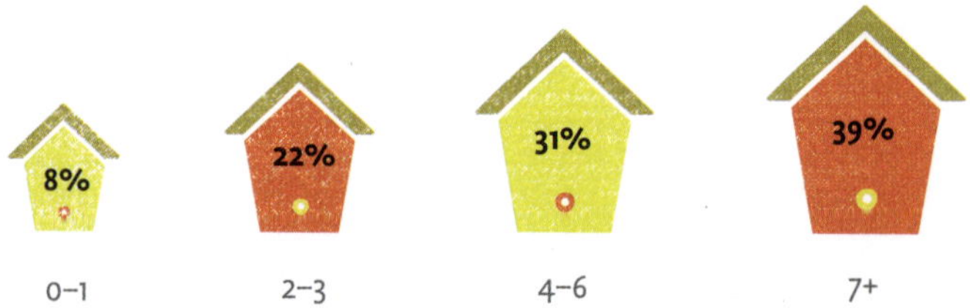

Nombre de voisins décrits comme étant des amis par les Danois vivant en *bofælleskaber*.

Source : Max Pedersen, *La Grande Expérience* (*Det store eksperiment*), 2013

Jo Gooding, coordinateur du Réseau de Communautés du Royaume-Uni[1], décrit ces projets comme « des communautés autogérées, dirigées de manière indépendante par les gens qui y vivent ».

Comme là où Mikkel a grandi, ces endroits encouragent les interactions sociales et attirent des personnes âgées seules qui ne veulent ni subir l'isolement, ni vivre dans des maisons de retraite conventionnelles, et des familles qui y trouvent leur compte, quand il s'agit d'élever leurs enfants et d'avoir une vie professionnelle dans un environnement positif. Selon *The Guardian*, l'augmentation de la création de ces groupes humains a été de 100 % entre 2012 et 2014, et au moins dix-huit projets ont vu le jour, avec un « net attrait pour les villes », parmi lesquelles Londres, Cardiff, Newcastle, Leeds et Cambridge.

En tant que chercheur sur le bonheur, cela me rend... heureux. Pas besoin d'un chercheur sur le bonheur pour comprendre l'effet puissant qu'un sentiment de communauté plus fort, de sécurité et davantage de relations proches peut avoir sur le niveau de bonheur des gens.

Naturellement, l'équilibre entre vie privée et communauté est un point central dans ces modèles, et la vie en *bofællesskab* ne convient pas à tout le monde. Mais peut-être pouvons-nous tous piocher des éléments qui fonctionnent et les appliquer à d'autres concepts. Il est évident que faire partie d'une tribu a un effet positif sur notre bien-être. Alors, découvrons ensemble quelques étapes concrètes que vous pouvez franchir pour améliorer l'esprit de communauté dans votre quartier.

---

1. UK Co-housing Network

Cinq idées pour faire pousser une communauté

1. Créer un annuaire pour votre rue ou votre immeuble

Allez frapper aux portes de vos voisins et présentez-vous. Ou, ce qui est parfait pour les introvertis, glissez un formulaire à remplir dans toutes les boîtes aux lettres. Vous pouvez expliquer que vous créez une liste en cas d'urgence. Demandez leur nom, comment les joindre, et pourquoi ne pas ajouter un questionnaire pour mieux vous connaître tous ? Seriez-vous d'accord pour garder un chien ou un chat ? (Oui ! Et je peux aussi m'occuper de promener le chien.) Quel est votre livre préféré ? (Je suis toujours déchiré entre *Gatsby le Magnifique* et *L'Adieu aux armes*.) Combien de langues parlez-vous ? (Trois en moyenne. Cinq après une bouteille de vin. Aucune le matin avant mon café.) Essayez de penser à des talents qui pourraient être utiles à d'autres voisins. Qui s'y connaît en informatique ? Qui sait changer une roue ?

2. Installer une boîte à livres

Un moyen simple de lancer la conversation au sein de votre communauté est de créer une mini-bibliothèque sur le principe du je prends un livre, je laisse un livre. Le meuble n'a pas besoin d'être particulièrement sophistiqué ou de contenir autant de volumes que la bibliothèque d'Alexandrie.

Dans ma cage d'escalier à Copenhague, j'ai juste posé des livres au-dessus de la rangée de boîtes aux lettres. Ça rend cette entrée plus accueillante, c'est amusant d'observer quels livres sont empruntés, et ça encourage les interactions entre voisins. La collection actuelle de mon immeuble inclut des titres comme *Une histoire concise de l'architecture*, *Gatsby le Magnifique* et *Introduction aux statistiques*. Je ne sais pas trop pourquoi, mais les deux premiers semblent être les plus appréciés.

3. Vivre dans les espaces privés ouverts

Juste devant la fenêtre de ma cuisine, dans ma cour, se trouve un banc sur lequel je m'assois souvent pour lire. De là, on aperçoit un grand noisetier, et on entend le vent souffler dans les feuillages. Le banc joue aussi le rôle d'un espace semi-privé ; je peux y être seul, mais suffisamment proche de l'espace public pour que les gens me saluent et me demandent ce que je lis. Vous n'aurez jamais l'occasion de connaître vos voisins si vous ne les croisez pas. Des espaces comme celui-là – un jardin devant la maison, un porche – sont souvent appelés espaces privés ouverts, et les études montrent que les rues possédant de tels espaces sont considérées comme plus sûres. Le simple fait de vous installer devant votre maison donne une impression accueillante qui encourage l'interaction. Peu de gens oseraient entrer dans votre cuisine pour vous dire bonjour, mais si vous êtes dans votre cour, entre le trottoir et la maison, les gens ont plus de chances d'apprendre à vous connaître, et réciproquement. Grâce à mon petit coin lecteur à l'extérieur, j'ai appris qu'au-dessus de chez moi vivent Peter et sa fille Katrine, et à l'étage du dessus Majed, qui tient un magasin de fruits (ses pêches sont succulentes), et la dernière fois que je l'ai vu, il allait faire sa première balade à vélo depuis vingt ans. Les bruits des voisins cessent d'être embêtants quand on connaît leur nom et leur vie.

4. Construire un jardin partagé

Votre logement ne possède peut-être aucun espace privé ouvert, mais vous avez peut-être un bout de terre qui pourrait être utilisé afin de créer un petit jardin partagé – c'est un moyen testé et approuvé depuis longtemps non seulement pour faire pousser quelques légumes mais aussi pour cultiver un sens de la communauté tout en se créant des racines.

S'occuper de ses tomates n'est pas uniquement idéal pour méditer et se relaxer, cela rapproche les gens d'un même voisinage. C'est une façon délicieuse de créer une atmosphère de village dans une grande ville. En plus, même si davantage de recherches sur le sujet sont nécessaires, les études suggèrent que le jardinage est très bon pour notre santé mentale. Ce n'est bien sûr pas une recette miracle qui guérit la dépression, mais parfois un jardin peut jouer le rôle d'un espace à mi-chemin entre son lit et le monde extérieur. Il y a quelques années, l'Institut de recherche sur le bonheur menait une mission pour une municipalité danoise, visant à développer une stratégie pour améliorer la qualité de vie de ses citoyens. Les chercheurs ont alors proposé la création de jardins partagés, pour lutter contre l'isolement. Nous avons tellement aimé cette idée que nous en avons voulu un pour nous aussi. Alors on l'a construit. À l'époque, nos bureaux étaient situés juste en face d'une église avec un terrain en friche, alors nous avons acheté plein de terre, invité les voisins, et passé un dimanche après-midi à fabriquer vingt parterres surélevés, et nous avons fêté ça avec un barbecue.

5. Lister et partager ses outils

En moyenne, une perceuse électrique n'est utilisée que quelques minutes par an, aucun besoin donc d'en avoir tous une chez nous. Perceuses, marteaux, tournevis avec toutes les formes de tête possibles : tout cela prend de la place, et je ne parle même pas des souffleuses à feuilles ou des pelles à neige. Un catalogue d'outils à partager est aussi un excellent prétexte pour apprendre à connaître ses voisins. En résumé, le partage des outils entre voisins mène à plus de ressources, plus d'esprit de communauté et moins d'encombrement pour tout le monde. Pour créer cet annuaire, pourquoi ne pas demander quels outils vos voisins aimeraient pouvoir prêter ou emprunter – ou, s'ils ont de la place disponible à la cave, y créer une « bibliothèque à outils ». Fixez au mur une planche et accrochez quelques outils, par exemple un marteau et un tournevis, et dessinez leur silhouette sur la planche. Le marteau pourra tenir grâce à quelques clous. Dessinez aussi les silhouettes d'outils encore manquants afin que les voisins puissent contribuer à enrichir cette bibliothèque avec leurs outils en trop.

Étude de cas

Shani

Shani a grandi à Gibson, petite ville du Canada, où elle avait l'habitude de vendre des framboises devant sa maison pour se faire de l'argent de poche, et où les voisins lui faisaient un signe de la main quand elle passait devant chez eux sur le chemin de l'école. C'était le genre d'endroit où personne ne fermait sa porte à clé.

Quand elle a eu 14 ans, sa famille a déménagé en Australie. Puis elle est devenue institutrice – et nomade, passant d'un pays à l'autre, d'une ville à l'autre, espérant toujours revivre ce lien avec les autres qu'elle avait connu à Gibson.

Plus tard, alors qu'elle était inspectrice d'académie dans des écoles pour enfants difficiles, le poids de son travail devint trop lourd et elle tomba malade. Elle était en burn-out, et en dépression. Si son esprit était brisé, le corps de son compagnon l'était aussi. Son emploi de maçon et sculpteur de pierre avait eu de lourdes séquelles sur ses épaules, ses genoux et poignets.

Ils vivaient rue Hulbert, une impasse calme de trente-deux maisons. La rue Hulbert se trouve à Fremantle, dans la banlieue de Perth dans l'ouest de l'Australie, mais on pourrait placer cette petite rue dans n'importe quelle ville du monde, et personne ne verrait la différence. C'était une rue normale, dans un quartier normal, dans une ville normale. Jusqu'à ce que Shani et Tim créent un cours d'éducation environnementale pour leurs voisins. Derrière cette initiative, l'idée que la communauté joue un rôle dans la durabilité. Arriveraient-ils à faire de leur rue une communauté ?

« Comment aimerait-on que la rue Hulbert soit ? Si on pouvait faire n'importe quoi – ne pas se soucier de l'argent, des ressources, de qui fera quoi – qu'est-ce qu'on aimerait voir se produire dans notre rue ? »

Les adultes rêvaient de journées jardinage et d'après-midi autour d'un thé une fois par semaine, les enfants de parties de cricket et de matchs de football au milieu de la rue. Puis un garçon de 10 ans a dit : « J'aimerais une rampe de skate dans la rue. » Bon, ça, ça n'arrivera jamais, s'est dit Shani.

Mais c'est précisément la première chose qui arriva, grâce à l'un des voisins qui a trouvé les matériaux nécessaires et qui avait les compétences pour créer cette rampe. La rampe de skate a transformé la rue : d'un lieu de passage en voiture, elle est devenue un lieu de jeu.

À la même époque, la rue était souvent victime de cambriolages, et beaucoup s'inquiétaient – en particulier pour Anna, qui à 84 ans vivait seule au bout de la rue. « Nous avons alors créé ce que nous appelons l'annuaire des compétences de la rue Hulbert. Au début, c'était juste une liste de contacts, mais elle s'est étoffée : ce que vous avez à partager, et ce dont vous avez besoin », explique Shani.

Y sont inscrits les noms, adresses, e-mails et numéros de téléphone des habitants, et, surtout, leurs compétences et ressources – ainsi que celles dont ils pourraient avoir besoin. Une des demandes écrites par un voisin était de trouver des gens pour l'aider à manger ses mûres parce que, pendant la haute saison, il y en avait trop pour lui. Grâce à cette liste, personne n'avait besoin d'acheter une brouette, parce qu'on pouvait en emprunter une à Brian, au numéro 33. Si vous aviez besoin d'un chariot, il suffisait de demander à Philip au 29. Et bien sûr, Obi au 23 s'occupera de votre chat en cas d'absence.

L'annuaire mentionnait également que trois dames souhaitaient apprendre le chant, et qu'une ancienne cheffe de chorale habitait aussi la rue : elles formèrent tout naturellement la Chorale de la rue Hulbert.

Des légumes furent plantés sur des bouts de terre le long de la rue – et c'est ainsi qu'est né le Potager rebelle de la rue Hulbert. Très vite, les résidants s'habituèrent à trouver sur leur pas de porte des pommes de terre et des carottes. « Comment avez-vous fait pour avoir la permission ? » demandaient les gens à Shani. « La permission ? Vous pensez que j'ai besoin d'une permission ? » répondait-elle, et c'est

grâce à cette philosophie que le Film de la rue Hulbert fut lancé : une fois par mois, les voisins regardaient un film tous ensemble dans la rue. Tout le monde apportait sa chaise et un plat à partager pour le dîner.

Les ressources de la communauté grandirent : un vélo cargo partagé, la Bibliothèque partagée de la rue Hulbert (apportez un livre, prenez un livre), et un four à pizza sur roulettes (qui n'appartenait à personne mais était partagé par tous), qui fut à l'origine des soirées pizzas hebdomadaires. Et des chèvres. Oui, des chèvres. Deux propriétaires acceptèrent d'enlever leur clôture mitoyenne pour leur donner de l'espace. Les fours à pizzas partagés et le nombre de chèvres sur une pelouse commune ne sont pas de mauvais indicateurs de la force d'une communauté de rue, mais peut-être que la meilleure démonstration de ce lien fut les réactions du voisinage quand Shani et Tim se firent voler leur coffre-fort, contenant du liquide, un ordinateur et des disques durs. Les voisins apportèrent à manger et de l'argent (l'un, accompagné d'un petit mot « Voici 500 $. Je vous les donne parce que je peux le faire. Ne me les remboursez pas, s'il vous plaît. ») Un voisin mit en place une Dropbox pour retrouver les fichiers et photos que Shani et Tim avaient perdus. Le fils d'un autre voisin leur offrit une carte qui disait : « Les coups durs de la vie sont encore plus durs à supporter quand on ne connaît aucun gros mot », ainsi que le premier pain qu'il avait pétri et cuit tout seul, et sa collection complète de coquillages.

« Que conseilleriez-vous aux gens qui souhaiteraient suivre votre exemple ? » ai-je demandé à Shani.

« Ne faites rien comme nous », m'a-t-elle répondu en riant. « Trouvez ce qui vous convient. Un socle sur lequel construire votre communauté. Cherchez ce qui intéresse vos voisins, ce qui vous unit, et construisez à partir de là. Un de mes amis a bâti sa communauté de rue autour des tomates. Maintenant quinze familles se réunissent chaque année pour mettre des tomates en conserve. »

Nous pouvons apprendre plusieurs choses du témoignage de Shani. D'abord, il existe un avantage certain à bâtir une communauté définie : la rue Hulbert est une impasse, ce qui signifie que la communauté est géographiquement bien identifiée. Je crois aussi que c'est une des raisons qui expliquent que les insulaires ont souvent un sens de la communauté et une identité plus marqués.

Ensuite, il faut chercher à sécuriser l'espace public qui peut être exploité – une rue fermée fonctionne bien car il n'y a pas de trafic traversant, mais c'est aussi possible avec un espace vert partagé.

Enfin, un des plus puissants moteurs est le rêve. Martin Luther King n'a pas fait de discours commençant par « J'ai fait un cauchemar », et rue Hulbert, tous les efforts sont partis de la question que Shani s'est posée : comment les gens aimeraient que leur rue soit. Ou, comme l'écrivait Antoine de Saint-Exupéry, auteur du *Petit Prince* :

Si tu veux construire un bateau, ne rassemble pas tes hommes et femmes pour leur donner des ordres, pour expliquer chaque détail, pour leur dire où trouver chaque chose. Si tu veux construire un bateau, fais naître dans le cœur de tes hommes et femmes le désir de la mer.

Projet bonheur

Prenez une rue
et faites-en une communauté

Rapprochez les membres de votre communauté locale en créant un annuaire pour partager vos compétences et ressources.

Faites comme Shani et la communauté de la rue Hulbert et créez des liens avec vos voisins. Aller taper à la porte de son voisin pour la première fois peut être un peu effrayant, mais la récompense est immense.

Vous pourriez créer un annuaire pour votre rue ou votre immeuble, demander à vos voisins s'ils n'ont pas des livres à donner pour remplir la mini-bibliothèque que vous mettez en place, ou s'ils ne voudraient pas participer à l'installation d'un potager partagé dans le quartier.

Le plus important est de parler à vos voisins, apprendre leurs noms, découvrir leurs talents, leurs centres d'intérêt et leurs besoins pour construire une communauté autour de vous tous ; une communauté aussi unique que tous les individus qui vivent dans cette rue.

Il faut un village pour élever le bonheur

Repensez à un moment où vous vous êtes senti heureux, ou, du moins, bien, où vous avez ri ou souri. Faites remonter ce souvenir et essayez d'en ressortir les détails.

Il y a de grandes chances pour que vous pensiez à un moment où vous étiez entouré d'autres personnes. Mon souvenir, c'est ce moment au chalet après une journée de ski, entouré de mes amis, devant un feu de cheminée, un whisky à la main.

J'ai posé cette même question à différents publics dans le monde entier, et dans une grande majorité, les gens choisissent un souvenir dans lequel ils sont accompagnés. Cela ne prouve rien de l'importance d'autrui en ce qui concerne le bonheur. Néanmoins, les gens se souviennent plus facilement des chiffres et des informations si nous leur offrons certaines scènes auxquelles les rattacher.

Alors, que disent les preuves ? Eh bien, si nous analysons le lien entre le bonheur et la fréquence de rencontre avec ses amis, collègues et famille, un modèle se dessine. Plus les gens se voient, plus ils sont heureux. Attention, si la quantité est une chose, la qualité en est une autre.

À quelle fréquence voyez-vous vos amis, collègues ou famille ?

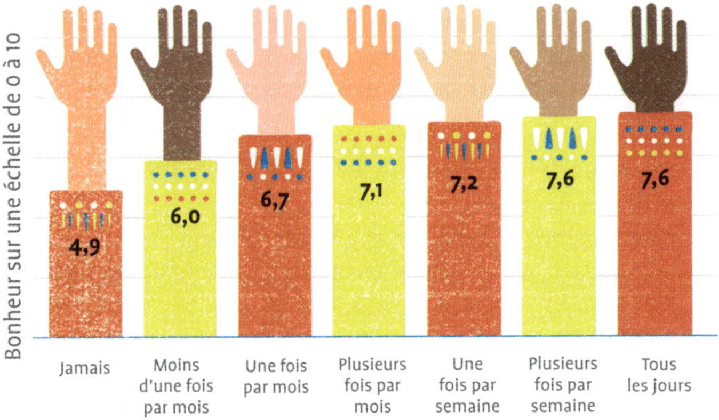

Avec combien de personnes autour de vous pouvez-vous discuter de sujets intimes et personnels ?

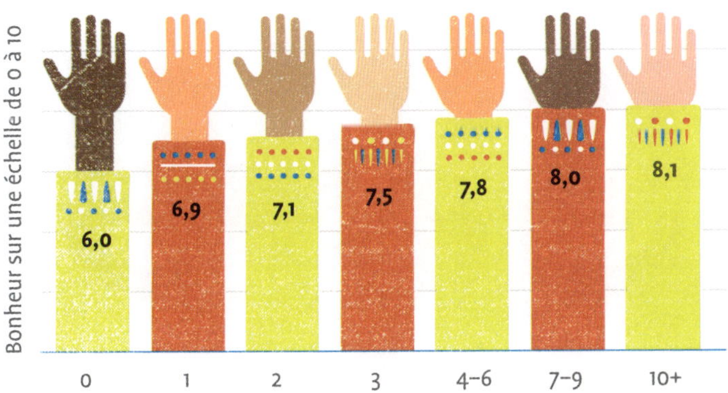

Source : *Étude sociale européenne*, 7e édition

Impossible que je sois le seul à ne m'être jamais senti isolé dans une pièce bondée. Nous pouvons voir et croiser d'autres personnes, mais la question importante est de savoir si nous créons un lien. Est-ce que tu me comprends ? Est-ce que je te comprends ? Me fais-tu assez confiance pour baisser ta garde, me dire ce que tu as vraiment à l'esprit ? Me laisses-tu entrer ? Nous lisons tout cela aussi dans les chiffres. Plus nous avons autour de nous de personnes avec qui partager des problèmes personnels, plus nous sommes heureux.

Donc, la solitude est mauvaise pour le bonheur. Hallucinant, n'est-ce pas ? Il y a plus de deux mille ans, Aristote disait que l'homme est un animal social. Puis, dans les années 1940, la pyramide des besoins humains de Maslow nous montrait que l'amour et le sentiment d'appartenance venaient juste après les besoins physiologiques et de sécurité.

Aujourd'hui, la recherche moderne sur le bonheur utilisant le *big data* fait écho à ces découvertes. Ce que le Rapport mondial sur le bonheur des Nations unies nous montre, c'est que près des trois quarts des différences de niveau de bonheur entre tous les pays du monde s'expliquent par seulement six facteurs.

L'un d'eux est le soutien social. Nous nous intéresserons aux cinq autres dans les chapitres suivants. Le soutien social se mesure en demandant aux gens s'ils ont dans leur vie quelqu'un sur qui compter en cas de besoin. C'est un moyen binaire et très rudimentaire de le mesurer, mais nous avons ainsi des chiffres du monde entier, et il détermine le niveau de bonheur.

Heureusement, parmi les pays de l'OCDE (Organisation de coopération et de développement économiques), 88 % des gens estiment qu'ils connaissent une personne sur qui compter pendant les moments difficiles. Les Néo-Zélandais, les Islandais et les Danois sont les plus confiants. Dans ces pays, 95 % ou plus pensent que leurs amis seront là en cas de coup dur, alors qu'en Hongrie, en Corée du Sud et au Mexique, les chiffres chutent avec les niveaux de confiance les plus bas, respectivement à 82, 76 et 75 %.

Il y a quelques années, j'ai appelé ma banque pour savoir si je pouvais emprunter de l'argent pour m'acheter un logement. Quand j'ai dit que mon travail consistait à étudier le bonheur, mon interlocuteur est devenu épouvantablement silencieux à l'autre bout de la ligne. En bref, j'étais trentenaire, célibataire, et j'ai passé les deux mois suivants sur le canapé d'un de mes amis, avec ses deux chats. Vous savez, la grande vie. Mais je ne désespérais pas : je savais que j'avais des amis sur qui compter.

Projet bonheur

Jouez-la comme les Néerlandais : célébrez la journée nationale des voisins

Faites l'effort de parler à vos voisins. Prenez ensemble le café, participez au jardin partagé, ou arrêtez-vous juste pour discuter la prochaine fois que vous les croiserez.

Un proverbe néerlandais dit : « Il vaut mieux avoir un bon voisin qu'un ami distant. » Depuis 2006, les Néerlandais célèbrent la Journée nationale des voisins le 26 mai.

Au début, c'était une initiative pour réunir des voisins, et c'est devenu un événement célébré dans 2000 quartiers néerlandais. Cette journée a été inspirée par une étude qui avait montré que trois Néerlandais sur quatre trouvaient qu'il était plus agréable de vivre dans des quartiers qui organisaient des activités régulières entre voisins. C'est une entreprise néerlandaise de café, Douwe Egberts, qui l'a créée, pour rassembler les voisins. Plus tard, Douwe Egberts a travaillé avec les Oranje fonds, qui depuis 2008 subventionnent les quartiers pour organiser cette fête annuelle. Les festivités vont de la fête dans la rue au simple café partagé avec des voisins que vous ne fréquentez pas souvent. Le 26 mai prochain, faites un effort et allez dire bonjour à vos voisins, ou invitez-les à venir boire un verre chez vous.

Faire du bowling ensemble

Dans les années 2000, Robert Putnam, professeur à Harvard et scientifique politique, a publié *Bowling Alone*[1], autour du déclin de la société civile américaine. Le diagnostic de Putnam était que les Américains s'investissaient de moins en moins dans leur communauté, et que cela avait des conséquences néfastes pour la société dans sa globalité.

Les Américains avaient beaucoup moins tendance à s'engager dans du bénévolat, à aller à l'église, connaître leurs voisins, inviter des amis à la maison, aller dans des bars, adhérer à des syndicats ou tout simplement passer du temps avec leurs amis (et leurs chats).

C'est une des raisons pour lesquelles, au cours des dernières décennies, des pays comme les États-Unis sont devenus plus riches mais en même temps ont vu leur niveau de bonheur chuter. Partout dans le monde, il semble que nous cherchons le bonheur aux mauvais endroits. Nous autres êtres humains sommes plus heureux lorsque nous nous sentons connectés aux autres. Et jusqu'à présent, je n'ai jamais vu de force plus puissante pour expliquer le bonheur humain que la complétude de notre besoin d'amour, d'amitié et de communauté. Donc, les gens veulent appartenir à une communauté, mais ne savent en fait pas comment y parvenir.

C'est un défi encore plus difficile à relever avec les progrès de la technologie. Nous sommes plus connectés que jamais, et pourtant nous nous sentons seuls. Nos relations sont compliquées, exigeantes et désordonnées. Nous préférons appeler quelqu'un plutôt que le voir en personne et envoyer un message plutôt qu'appeler. Même si les

---

1. Ouvrage non traduit en français à ce jour, et dont le titre pourrait se traduire littéralement par « Faire du bowling seul » *(N.d.l.T.)*

réseaux sociaux ont des aspects positifs, par exemple pour rester en contact malgré l'éloignement géographique, il a été montré que les gens qui réduisent leur consommation de réseaux sociaux sont plus heureux et se connectent davantage au monde *réel*.

En 2015, nous avons mené une étude à l'Institut de recherche sur le bonheur. Nous avons interrogé les participants au sujet des différentes dimensions du bonheur, puis nous les avons placés au hasard soit dans un groupe de contrôle, qui continuait d'utiliser Facebook comme d'habitude, soit dans un groupe test, qui ne devait pas utiliser Facebook pendant une semaine entière. À la fin de cette semaine, nous avons de nouveau demandé aux participants d'évaluer leur vie.

Nous avons découvert que le groupe test montrait des niveaux significativement plus élevés de satisfaction dans leur vie et les gens de ce groupe se sentaient moins seuls. Ne pas utiliser Facebook avait mené à une augmentation de leurs activités sociales. De plus amples études sont nécessaires pour comprendre les effets à long terme de telles interventions, mais, pour le moment, c'est une nouvelle preuve que, alors même que les technologies numériques n'en sont qu'à leurs balbutiements, nous n'en sommes nous-mêmes aussi qu'aux balbutiements de nos capacités à les utiliser.

Un de nos défis est d'organiser une masse critique analogique au niveau de la communauté locale. Par masse critique analogique, je veux dire suffisamment de gens qui ne sont pas absorbés par leurs gadgets digitaux pour trouver une personne avec qui jouer ou parler. Comment garantir que nous trouverons quelqu'un pour jouer avec nous si nous nous déconnectons de cette communauté en ligne ? Comme nous le verrons plus loin, une école danoise a peut-être trouvé le moyen.

Projet bonheur

Créez une masse critique analogique

Encouragez vos amis et votre famille à vivre des moments sans technologie pendant la semaine, résistez à la tentation de consulter votre téléphone, faites une détox numérique.

Entre deux feux de joie pour célébrer le solstice d'été, le champ face à notre chalet devenait un terrain de jeu. Quand j'étais enfant, je pouvais facilement réunir vingt-cinq enfants pour un match de roundball (une version simplifiée du baseball). Bien sûr, c'était pendant l'ère pré-iPad. L'an dernier, une enquête de l'association Action for Children au Royaume-Uni a montré que les parents trouvaient plus difficile de convaincre leurs enfants d'éteindre leur ordinateur, téléphone ou autre gadget digital que de faire leurs devoirs. Près d'un parent sur quatre trouvait dur de contrôler le temps passé par ses enfants sur un ordinateur ou une tablette, alors que seulement 10 % avaient du mal à obtenir que les devoirs soient faits. Une des raisons pour expliquer ce comportement, c'est que les enfants ne veulent pas être mis à l'écart de la communauté digitale.

Un internat danois utilise ce que les enfants considèrent comme des mesures extrêmes pour créer une communauté. Le personnel confisque les smartphones et autres gadgets. Les élèves ne peuvent accéder à Facebook, Instagram et Snapchat qu'une heure par jour. À la fin du premier trimestre, le système a été soumis au vote des élèves. Fallait-il continuer à fonctionner ainsi, ou rendre les téléphones et gadgets aux élèves qui seraient alors libres de les utiliser à leur guise ? 80 % ont voté pour la première proposition. Bien sûr, ce genre de méthodes ne peut fonctionner qu'avec un nombre suffisant de personnes motivées.

Si vous êtes le seul élève sans téléphone et que le reste de la classe discute sur Snapchat avec leurs copains après l'école, c'est une expérience bien triste. Il est donc important de créer une masse critique à l'intérieur de votre cercle social. Vous pourriez convaincre plusieurs familles dans votre rue de mettre en place un Jeudi soir analogique, pendant lequel les enfants iraient jouer les uns chez les autres, ou commencer chez vous en instaurant un Jeudi soir en famille. D'autres options sont possibles : créer des zones sans téléphone pendant deux heures au moment du dîner ou placer un panier pour téléphones près du portemanteau pour encourager vos amis à y laisser leur téléphone quand ils viennent vous voir.

Être ensemble

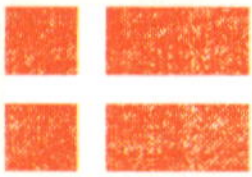

Bofællesskab

Danemark : le modèle d'habitations en communauté est pensé pour créer de l'intimité comme de la communauté. Les familles vivent séparément tout en étant ensemble, réduisant ainsi l'isolement social et les soucis de l'intendance quotidienne. Apprenez-en plus p. 45.

Faire d'une rue une communauté

Perth, Australie : mettant en application la sagesse du Petit Prince, Shani, une jeune Canadienne, a fait de sa rue une communauté en créant des soirées pizzas et cinéma, des jardins aromatiques et en installant des chèvres, en demandant aux gens de rêver au type de rue dans lequel ils aimeraient vivre. Apprenez-en plus p. 57.

La Journée nationale des voisins

Les Pays-Bas : l'idée néerlandaise selon laquelle un bon voisin est mieux qu'un ami distant s'est transformée en une initiative pour réunir les voisins autour d'un café, lors d'un événement national célébré dans 2000 quartiers du pays. Apprenez-en plus p. 68.

De la capitale de la voiture à celle de la verdure

Détroit, États-Unis : après la crise financière qui a détruit l'économie de Détroit, les habitants ont commencé à revitaliser la ville en la transformant : d'une ville dédiée à la voiture en une ville dédiée à la verdure. Des jardins partagés urbains ont été créés partout dans la ville, ce qui en fait à ce jour un des plus grands mouvements d'agriculture urbaine du monde.

Moai

Okinawa, Japon : c'est là qu'on trouve les gens qui ont la meilleure santé du monde, et où beaucoup vivent plus de cent ans. Certains pensent que c'est lié au *moai*, qui signifie « se réunir dans un but commun ». C'est une partie significative de la tradition à Okinawa de créer de petits réseaux sociaux sécurisés dans lesquels les membres s'engagent envers les autres pour la vie. Le *moai* se crée quand un enfant naît, et il aide à l'intégrer à une communauté durable. Qu'il s'agisse de gros problèmes dans la vie, de soucis financiers, de maladie ou de deuil suite à la perte d'un être proche, le *moai* sera là.

Día de los Muertos

Mexique : les célébrations du Jour des Morts se déroulent du 28 octobre au 2 novembre chaque année. Selon la croyance, ce jour-là, les morts ont l'autorisation divine de rendre visite à leurs amis et famille sur Terre. Les gens se rendent sur les tombes de leurs proches et apportent à boire et à manger. Il s'agit de célébrer la vie plutôt que de pleurer sobrement la mort, ce qui crée un sens de la communauté même avec ceux qui nous ont quittés.

Il faut un village pour élever un enfant

Afrique de l'Ouest : le proverbe « Il faut un village pour élever un enfant » existe dans de nombreuses langues africaines, mais son origine remonterait au igbo et au yoruba, qui se parlent en Afrique de l'Ouest. Notre langue modèle notre comportement, et le proverbe permet de se rappeler que, si nous honorons l'idée que chacun doit prendre soin de l'autre, nous en serons tous plus heureux.

Chapitre 4

L'argent

L'argent

Un jour, quand j'avais à peu près 11 ans, j'ai lu le titre « LE DOLLAR VA MONTER À 8 COURONNES D'ICI UN AN » en couverture du *Børsen*, l'équivalent danois du *Financial Times*.

À l'époque, il fallait environ 7 couronnes pour un dollar, alors j'ai fait ce que n'importe quel enfant normal aurait fait : je suis allé à la banque pour convertir toutes mes économies en dollars.

« Tu pars en vacances aux États-Unis ? » me demanda la guichetière.

« Non », ai-je répondu. « Vous n'avez pas lu le *Børsen* ? »

J'ai acheté mes premières actions et obligations à l'âge de 10 ans, et j'avais dans ma chambre une affiche représentant une pile de pièces, avec en légende « Mon premier million ». À l'école, ma classe participait à un jeu de fausses places boursières avec les autres classes, achetant et vendant des actions. Et si les valeurs des devises que nous échangions étaient celles du journal du jour, et donc de la Bourse de la veille, j'appelais la banque tous les jours pour connaître les augmentations les plus importantes du marché pour que ma classe achète ces actions-là. Les adultes appellent cela un délit d'initié. Nous appelons cela de la chance. En gros, à 11 ans, il ne me manquait plus qu'une paire de bretelles pour devenir Gordon Gekko.

La raison pour laquelle je vous parle de tout cela, c'est qu'à la lecture des prochaines pages, vous pourriez penser que j'ai été un genre d'enfant hippie qui passait ses journées à compter des fleurs. Ce n'était pas du tout le cas. Et au fait, le *Børsen* avait tort. Le dollar a chuté à 6 couronnes. Je leur en veux encore aujourd'hui.

200 TO HUND
KRONER
637171M
100 ET HUND
KRONER
850499K
50 HALVTREDS
KRONER
601581B

Le sommet des biens pour être heureux

Si l'argent et le bonheur devaient décrire leur relation sur Facebook, ce serait le fameux « C'est compliqué ».

Il y a bien une corrélation entre revenus et bonheur.

Globalement, dans les pays les plus riches, les gens sont plus heureux. Le produit intérieur brut – le PIB par tête, la richesse d'une nation – est un des six facteurs qui explique pourquoi les gens dans certains pays sont plus heureux que d'autres.

Néanmoins, il est important de souligner que le lien est plus probablement le fait que le manque d'argent est une cause de malheur. Dans des sociétés appauvries, il est logique de se concentrer sur l'amélioration des conditions matérielles. Un revenu plus élevé par foyer signifie en général une amélioration des conditions de vie pour les pauvres – et, en retour, le bonheur des gens.

Alors quand l'argent signifie que nous avons les moyens d'acheter à manger, d'avoir un toit sur la tête et de prendre soin de nos enfants, il a le pouvoir de transformer la misère en bonheur. Mais si vous dépensez 800 euros pour acheter un panier pour chien Sérénité, afin que votre compagnon « flotte tranquillement sur un lit nuageux pour atteindre un état de béatitude grâce à une couleur relaxante, une lumière changeante et de la musique apaisante » (allez voir sur Google, ça existe, croyez-moi), c'est que vous avez clairement épuisé toutes les idées de trucs à acheter susceptibles d'améliorer votre bonheur. En fait, non seulement vous avez déjà atteint le sommet des trucs à acheter pour être heureux, mais vous êtes tombé de la falaise et maintenant votre chien est en train de faire sa crotte tout en haut de la montagne.

Comme souvent, plus nous avons d'une chose, moins elle nous rend heureux. La première part de gâteau : incroyable. La cinquième part : pas si appétissante que ça. Les économistes appellent cela la loi de l'utilité marginale décroissante. C'est une des raisons pour lesquelles certaines nations ou personnes deviennent plus riches – mais pas plus heureuses. Une autre explication est que nous nous adaptons sans cesse à de nouveaux niveaux de richesse. En recherche sur le bonheur, nous appelons cela l'adaptation hédonique.

De grandes espérances

Nous nous laissons tous aller à la rêverie. Je m'imagine souvent devenir plus musclé, et puis je me rends compte que ça ne me servirait à rien pour battre des records à Candy Crush. Pourtant nous le faisons tous. Rêvasser. Fantasmer. Nourrir de grandes espérances : déménager à Paris, apprendre le français et écrire un livre.

Mais comment nos espérances et ambitions influencent-elles notre bonheur ? Pour mieux comprendre comment l'ambition façonne nos vies, Timothy Judge, professeur de management au Mendoza College of Business de l'université de Notre-Dame[1], a analysé les informations relatives à la vie de 717 personnes. La collecte des informations a commencé en 1922 (l'année de l'arrivée de la première radio à la Maison-Blanche), quand les participants étaient enfants, et a continué pendant soixante-dix ans, couvrant ainsi la période de la Seconde Guerre mondiale, du premier homme sur la Lune, de la grandeur et de la décadence des empires... et de l'invention d'Internet.

Dans cette étude, les participants étaient classés comme plus ou moins ambitieux, en se basant sur l'évaluation du participant lui-même pendant son enfance, et celle de ses parents. Sans surprise, peut-être, les ambitieux ont eu une vie plus réussie en termes objectifs : ils sont allés dans les universités les plus prestigieuses, comme Harvard ou Princeton, ont eu des postes estimés et ont gagné les plus hauts salaires.

1. Indiana, États-Unis.

D'un point de vue matérialiste, il est possible que Marc Aurèle ait raison en disant que « la valeur d'un homme n'est pas supérieure à la valeur de ses ambitions », mais peut-être négligeait-il le fait que la valeur d'un homme n'est pas égale à son bien-être.

Pour les plus ambitieux d'entre nous, dès qu'un objectif est atteint, un autre se dessine à l'horizon. C'est l'adaptation hédonique. Nous plaçons toujours plus haut la barre de ce que nous voulons ou de ce dont nous pensons avoir besoin pour être heureux, et l'adaptation hédonique monte toujours plus haut avec l'ambition. En d'autres termes, le revers de la médaille à cette ambition, c'est un sentiment incessant d'insatisfaction vis-à-vis de nos réussites.

Il y a peut-être une certaine vérité à dire que le bonheur est l'ambition diminuée de la réalité. Serait-ce pour ces raisons que les Danois ont de si bons scores de bonheur ? Parce que nous avons de faibles attentes ? Certains ont émis cette hypothèse.

Un jour de décembre, il y a environ dix ans, le *British Medical Journal* a publié un article intitulé « Pourquoi les Danois sont arrogants : Étude comparative de la satisfaction dans la vie au sein de l'Union européenne ». Cet article concluait que le facteur clé pour comprendre le haut niveau de satisfaction dans la vie chez les Danois était toujours d'avoir de faibles attentes pour l'année à venir. « Année après année, ils sont agréablement surpris de découvrir que tout ne pourrit pas davantage au royaume du Danemark. » Cette phrase a été répétée entre autres par la BBC et CNN. Un seul minuscule problème : cet article était censé être une blague.

Le numéro de décembre était une édition de Noël révélant aussi pourquoi le renne Rodolphe avait un nez rouge (c'est, semble-t-il, à cause d'une forte densité de capillaires dans son museau), et l'article sur les heureux Danois analysait également l'influence du grand nombre de blonds vivant dans le pays, de la consommation de bière (un des chercheurs suggérait que si les Danois étaient heureux, c'était parce qu'ils étaient ivres au moment de répondre aux enquêtes), et terminait en expliquant que le Danemark ne s'était jamais remis d'avoir gagné 2-0 contre l'Allemagne à la finale de l'Euro 92, et que leur état d'euphorie perdurait toujours.

Bien sûr, ce n'est pas parce que l'article était humoristique et non scientifique qu'il n'était pas vrai.

Satisfaction dans la vie – aujourd'hui et à l'avenir – parmi différents groupes de revenus au Danemark

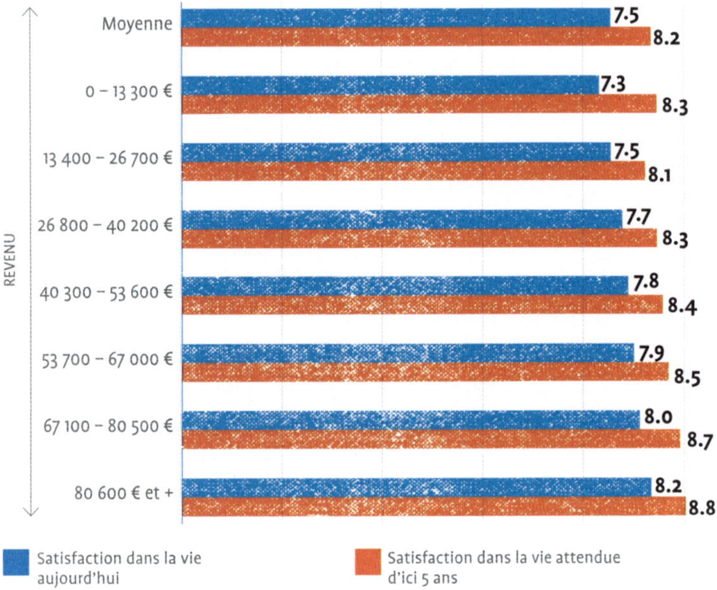

Source : Statistics Denmark

Heureusement, les éléments recueillis par Statistics Denmark sont à même de nous dire si cela est vrai ou non, parce que Statistics Denmark n'interroge pas uniquement les gens au sujet de leur satisfaction dans leur vie actuelle, mais leur demande aussi comment ils imaginent leur niveau de bonheur d'ici cinq ans – et les Danois s'attendaient à être encore plus heureux à l'avenir. Alors peut-être que les Danois sont moins ambitieux en termes d'accumulation de biens, mais je ne vois rien qui prouverait qu'ils ont des attentes plus faibles en matière de bonheur.

Projet bonheur

Attendez-vous à l'adaptation hédonique

Prenez le temps d'apprécier le voyage vers votre but tout en restant conscient qu'atteindre votre objectif ne vous comblera pas pleinement.

Attendez-vous à ce qu'atteindre votre but vous rende heureux, mais juste temporairement, et comprenez pourquoi. Nous montons toujours la barre plus haut en ce qui concerne ce que nous voulons ou ce dont nous pensons avoir besoin pour être heureux. Réussir à publier votre livre vous rendra heureux quelque temps, puis vous adapterez votre ambition : être sur la liste des meilleures ventes de la semaine, devenir un phénomène planétaire. Je parle par expérience.

Je pense que personne n'a encore trouvé ce qui saurait étancher notre soif d'ambition de façon permanente. Peut-être devrions-nous plutôt réfléchir à comment faire de la poursuite du bonheur un bonheur de la poursuite. Les gens qui vivent une quête de quelque chose qui a du sens pour eux – que ce soit de construire un bateau ou de faire pousser la tomate parfaite – ont tendance à être plus heureux. Ils savent que le bonheur est un produit dérivé du processus et non un trésor derrière la ligne d'arrivée.

Avoir des attentes adoucit le cœur

« Winnie, qu'est-ce que tu aimes le plus faire ? »

« Eh bien, dit Winnie, ce que je préfère, c'est… » Il s'interrompit pour réfléchir. Car même s'il adorait manger du miel, il aimait encore plus le moment qui précède le passage à l'action, qui était pour lui encore mieux, mais il ne savait pas comment l'appeler.

Un matin, Winnie l'Ourson et Porcinet discutent de ce qu'ils aiment le plus au monde. Et même si Winnie adore vraiment le miel, il y a un moment juste avant de commencer à en manger qui est encore meilleur que manger le miel, mais il ne sait pas au juste comment s'appelle ce moment.

Alan Alexander Milne, qui a écrit les histoires de Winnie l'Ourson, n'était pas un écrivain mais un scientifique du bonheur. L'attente peut être source de joie. Imaginez que vous puissiez embrasser qui vous voulez. N'importe quelle star. Ce serait qui ? George Clooney ? Angelina Jolie ? Moi je choisirais Rachel Weisz. (Oui, je sais qu'elle est mariée à James Bond – pas besoin de retourner le couteau dans la plaie.) Vous pensez à quelqu'un en particulier ? Si oui, dites-moi : quand aurait lieu ce baiser ? Maintenant ? Dans trois heures ? Trois jours ? Dix ans ?

Si vous réagissez comme les participants d'une étude menée par George Loewenstein, professeur d'économie et de psychologie à l'université Carnegie Mellon et directeur du Centre de recherche sur la décision comportementale, vous voudriez que le baiser se déroule dans trois jours. Oui, quelqu'un a bien fait des recherches sur cette question.

Cette étude, « Anticipation et évaluation de la consommation différée », a été publiée en 1987 (année de la sortie de *Dirty Dancing*) donc nous savons désormais qui les participants d'alors voulaient embrasser. L'étude a également montré que les participants accepteraient de payer davantage pour vivre l'expérience dans trois jours et non sur-le-champs.

Chaque année, je me prévois en priorité une semaine de ski dans les Alpes avec mes amis. Non seulement je m'achète une expérience, mais c'est aussi un investissement dans les autres... et un événement que j'attends avec impatience pendant les six mois qui m'en séparent encore. M'imaginer en train de skier avec mes amis, descendre une montagne (tout en chantonnant la musique de James Bond), ou nous détendre sur le balcon, sous un ciel d'un bleu qui n'existe que lorsqu'il se mêle aux montagnes blanches, couvertes de neige, je peux déjà sentir la chaleur de ma tasse de café entre mes mains, et du soleil sur mon visage.

Ce que je veux dire, c'est que, dans certains cas, l'attente peut être la source d'une très grande joie. Attention, il faut aussi garder à l'esprit que, dans d'autres circonstances, l'attente et l'ambition peuvent être source de mal-être.

Projet bonheur

Payez maintenant, consommez plus tard

Si vous achetez une expérience, assurez-vous qu'elle se déroulera loin dans l'avenir, afin de pouvoir l'attendre avec impatience.

Dans six mois, qu'aimeriez-vous faire ? Assister à un concert avec vos amis ? Inviter dans un bon restaurant une personne envers qui vous êtes particulièrement reconnaissant ? Achetez les billets ou le bon cadeau dès maintenant. Ou visez encore plus loin. Dans dix ans, que rêveriez-vous de vivre ? Commencez aujourd'hui à mettre de l'argent de côté sur un compte bancaire « spécial bonheur » à part.

Faire mieux que les voisins

Quand je donne des conférences, je demande souvent au public d'imaginer deux mondes.

Dans le premier monde, vous gagnez 50 000 euros par an, et tous les autres habitants gagnent 25 000 euros. Dans le deuxième monde, vous gagnez 100 000 euros par an (soit deux fois plus que dans l'autre monde), et les autres habitants 200 000 euros.

Les prix sont constants, donc un café vous coûtera le même prix dans les deux mondes. Que choisiriez-vous ? Dans lequel de ces mondes voudriez-vous vivre ? Plus de 50 % du public préfère vivre dans le premier monde. Ce résultat concorde avec les nombreuses études académiques menées depuis que cette question a été posée pour la première fois à Harvard en 1998. La raison pour laquelle une large proportion d'entre nous préfère vivre dans le premier monde, c'est que nous ne nous soucions pas uniquement de notre capacité à consommer, mais aussi de notre position dans la hiérarchie sociale.

C'est aussi pour cela que nous tentons d'imiter le mode de consommation de personnes qui sont plus riches que nous. Dans le même temps, l'ouverture du marché des crédits a rendu plus facile l'imitation d'un mode de vie dont nous n'avons pas les moyens. Cela, associé à notre envie de toujours faire mieux que le voisin, a expliqué en partie la crise financière de 2008. En d'autres termes, nous dépensons l'argent que nous n'avons pas pour acheter des choses dont nous n'avons pas besoin pour impressionner des gens que nous n'aimons pas.

Bien sûr, essayer d'afficher des signes extérieurs de richesse n'est pas un phénomène récent. En 1899, le sociologue américain Thorstein Veblen a inventé l'expression « consommation ostentatoire » pour décrire le fait d'acheter des produits de luxe pour exposer sa richesse et atteindre un certain statut. Veblen avait remarqué que beaucoup de *nouveaux riches*[1] américains dépensaient une grande partie de leur fortune pour montrer aux autres à quel point ils étaient riches. C'est la raison pour laquelle aujourd'hui certaines personnes dépensent 15 millions de dollars pour un iPhone en or incrusté de six cents diamants blancs et de cinquante-trois autres diamants au dos pour dessiner le logo Apple.

À part montrer combien vous êtes riche, il ne fait rien de plus qu'un iPhone normal, et Siri ne comprend pas davantage ce que vous lui dites. Toutefois, si vous pensez que c'est extravagant, alors laissez-moi vous dire qu'Aristote Onassis avait des tabourets de bar à bord de son yatch de luxe, le *Christina O*, recouverts de cuir de prépuce de baleine. Alors si jamais vous vous sentez mal de vous offrir des petits plaisirs, souvenez-vous que celui qui fut un jour l'homme le plus riche du monde a dépensé une fortune pour des tabourets de bar en prépuce de baleine.

1. En français dans le texte.

La loi de Jante

Au Danemark, et dans tous les pays nordiques, la consommation ostentatoire a été fortement freinée à cause de *Janteloven*, aussi appelée loi de Jante. Cette « loi » est issue d'un roman écrit en 1933 par le Dano-Norvégien Aksel Sandemose et peut se résumer à « Tu n'es pas mieux que nous ». Elle célèbre une culture dans laquelle les gens qui ont un statut social élevé sont critiqués car ils ont été catégorisés comme meilleurs – ou qu'ils prétendent être meilleurs – que les autres. En anglais, on appelle cela le « syndrome du grand coquelicot[1] ».

1. Un concept qui n'a aucun équivalent exact en français. *(N.d.l.T.)*

Tu ne dois pas penser que tu sais mieux que nous.
Tu ne dois pas penser que tu es plus intelligent que nous.
Tu ne dois pas penser que tu es doué en quoi que ce soit.
Tu ne dois pas penser que tu vaux autant que nous.
Tu ne dois pas rire de nous.
Tu ne dois pas penser que tu peux nous apprendre quoi que ce soit.

Bref, si nous dépensons notre argent pour des choses dont nous n'avons pas besoin pour impressionner des gens que nous n'aimons pas, nous n'en sommes pas plus heureux, et nous nous plongeons seulement dans un bras de fer sans fin. C'est pour cela que nous nous porterions tous beaucoup mieux si nous mettions fin à cette course au bling-bling.

C'est un composant de la culture scandinave, qui explique que vous ne verrez que très peu de voitures de luxe au Danemark. Enfin, ça et la taxe voiture à 150 %. Mais la *Janteloven* va bien plus loin que les voitures.

Alors qu'aux États-Unis, le succès s'étale avec enthousiasme, l'humilité est la vertu reine en Scandinavie. Offrez-vous une voiture de luxe avec une plaque d'immatriculation personnalisée qui dit « SUCCÈS » (oui, j'en ai vu une à Riga, en Lettonie), et vous pouvez être sûr qu'elle sera rayée à coups de clé en un ou deux jours.

La loi de Jante porte en elle son lot de conséquences négatives, mais je pense que nous avons tendance à négliger un des aspects positifs : elle freine la consommation ostentatoire et ça n'est certainement pas une mauvaise chose. Être exposé à la richesse des autres peut avoir un effet négatif. En Corée du Sud, ils ont un proverbe pour cela : « Si un cousin achète un terrain, l'autre cousin a mal au ventre. »

Plus riche mais pas plus heureux

De bien des façons, la Corée du Sud est la figure emblématique de ce défi majeur auquel font face de nombreux pays développés. En deux générations, la Corée du Sud est passée d'un des pays les plus pauvres du globe à un des plus riches.

Alors que les grands-parents se souviennent de la famine, les petits-enfants profitent de niveaux de vie parmi les plus élevés du monde, le pays est en haut des classements pour l'espérance de vie, l'efficacité des soins de santé, et la proportion de citoyens ayant une éducation supérieure. La croissance économique qu'a connue le peuple sud-coréen est tout simplement un exploit extraordinaire. Revenir à Copenhague après avoir visité Séoul m'a fait l'effet d'un retour dans le passé. Pourtant, le pays a du mal à convertir cette nouvelle richesse en bien-être. La Corée du Sud est classée 55e au classement du Rapport mondial sur le bonheur 2017 et, de façon alarmante, elle détient le plus fort taux de suicide parmi les pays de l'OCDE.

La Corée du Sud envoie aussi chaque année plus de visiteurs à l'Institut de recherche sur le bonheur que n'importe quel autre pays. Des hommes politiques, maires, journalistes, étudiants et professeurs d'université sud-coréens sont venus pour trouver des moyens d'améliorer la qualité de vie dans leur pays. « Pendant de nombreuses années, nous avons regardé les États-Unis comme modèle unique », m'a dit l'un d'eux. « C'est à cela qu'on voulait que notre pays ressemble. Mais aujourd'hui nous ne sommes plus très sûrs de vouloir continuer sur ce chemin. »

Et les États-Unis sont l'exemple parfait quand il s'agit d'étudier à quel point nous avons échoué à transformer la richesse en bien-être. Alors que le pays a réussi son développement économique et accumulé des richesses au cours des cinquante dernières années, le niveau de bonheur de ses habitants n'a, lui, pas augmenté. Une des raisons de cet échec est l'inégalité. Si un pays double sa richesse mais que 90 % de cette richesse ne vont qu'aux 10 % les plus riches, ce n'est pas de la croissance. C'est de la cupidité. Et non, Gordon Gekko, en matière de bonheur, la cupidité n'est pas bonne, et elle est inutile. Et tes bretelles sont vraiment moches.

Séparer bien-être et richesse

C'est le mois de septembre, mais il fait encore bon (d'un point de vue viking) à Copenhague, et ce vendredi-là, le ciel est clair. Je quitte le bureau un peu plus tôt que d'habitude et je pédale pendant dix minutes vers le port central de la capitale pour aller nager avec mon pote Michael.

Aujourd'hui, environ un millier d'autochtones en surchauffe s'éclaboussent dans ce qui était une voie de circulation maritime intense. La première baignade du port a ouvert à Copenhague en 2001, après que la ville a investi pour garantir une eau propre, et on trouve désormais une poignée de ces oasis urbaines dans le centre.

Tout se passe à la période où je loge sur le canapé de mon ami. Le budget est serré, mais heureusement, on peut s'amuser gratis.

À Copenhague, je peux aller à vélo partout où je veux, et je n'ai donc pas besoin de payer de l'essence, ni même de voiture. Et quel que soit mon salaire, l'eau sera toujours aussi propre et fraîche si j'y plonge. Oui, bien sûr, l'argent a son importance. Manger au restaurant Noma reste réservé à une minorité, mais les pays nordiques ont réussi dans une certaine mesure à séparer la richesse du bien-être pour chacun.

Je pense que ce qui fonctionne bien au Danemark, c'est qu'il est possible d'avoir une bonne qualité de vie sans que cela coûte trop d'argent. Si je perdais mon travail et mes économies, je pourrais toujours faire la plupart des choses que j'aime faire aujourd'hui.

Je vous entends râler d'ici : facile à dire, essayez donc de faire du vélo à Londres : vous seriez vite mort. C'est très probable (à cause de toute cette conduite dans l'autre sens). Et donc, je pense qu'il est intéressant d'écouter l'histoire de Michelle McGagh, qui a passé une année entière sans dépenser une seule livre sterling. Michelle est une journaliste indépendante du nord de Londres, et la femme à qui on doit le livre *The No Spend Year : How I Spent Less and Lived More*[1].

---

1. Non traduit en français à ce jour. Une traduction littérale du titre serait : « L'année sans achats – comment j'ai dépensé moins et vécu plus ». *(N.d.l.T.)*

Étude de cas

Michelle

En 2015, Michelle McGagh s'est trouvée enfermée dans un cercle vicieux de consommation – gagnant de l'argent pour acheter des choses dont elle n'avait en fait pas besoin. Elle se sentait manipulée par les publicités promettant qu'elle achèterait ainsi son bonheur.

Elle décida alors de se mettre au défi de ne rien acheter qui ne soit absolument nécessaire, pendant 365 jours. Elle pourrait payer son crédit immobilier, les charges incompressibles comme le téléphone ou Internet (elle est journaliste) et des courses alimentaires basiques (environ 30 euros par semaine).

« Ce ne fut pas facile », surtout en commençant le défi en plein mois de novembre sombre et froid, m'a-t-elle confié. À cette époque de l'année, sa vie tournait d'habitude autour des pubs et des restaurants, et là, c'était devenu impossible. « J'essayais de faire ce que je faisais tout le temps, mais désormais je n'avais plus les moyens pour ça, alors je n'y arrivais pas et je me suis sentie triste. »

Le printemps fit toute la différence. La vie est devenue plus agréable avec les promenades à pied ou à vélo, les baignades dans des lacs, et l'exploration de Londres à la recherche d'expositions d'art ou de musées gratuits. Elle utilisait des sites comme Eventbrite pour dénicher des projections de films gratuites, des dégustations de vin et des pièces de théâtre.

« Clairement, je suis allée voir bien plus d'expositions artistiques que jamais. Mon moment préféré, ce sont les Premiers Jeudis, car 150 galeries de l'Est londonien ouvrent en nocturne. »

Le défi a appris à Michelle à devenir plus aventurière. « Je devais apprendre de nouvelles façons d'être heureuse, et j'ai donc fini par dire oui à des choses que j'aurais sans aucun doute refusées auparavant. J'ai repoussé mes propres limites, et je me suis rendu compte que je n'avais pas besoin de posséder des choses pour être heureuse. » Elle s'est même offert des vacances gratuites, à vélo, le long de la côte britannique, s'arrêtant pour faire du camping sur les plages. « C'est quelque chose que je n'avais jamais fait avant, que je n'aurais sûrement jamais tenté, s'il n'y avait eu ce défi – et aujourd'hui je suis juste impatiente d'y retourner l'an prochain. »

Le philosophe stoïcien de la Grèce antique Épictète a dit un jour que la richesse n'est pas de posséder beaucoup, mais de désirer peu. Et même si le défi de Michelle peut sembler un peu extrême pour beaucoup, nous pourrions tous réfléchir à un moyen de séparer bonheur et richesse. Quand nous découvrirons que notre bonheur ne repose pas sur une pile de pièces et billets, nous aurons trouvé un véritable trésor.

Projet bonheur

Associez des choses à des expériences

Réservez vos gros achats pour des occasions mémorables, ainsi l'objet aura encore plus de valeur que le prix sur l'étiquette : il représentera le souvenir de ce jour-là.

Si vous devez acheter quelque chose, essayez d'associer cet acte avec une étape heureuse, un souvenir ou une expérience. Par exemple, j'ai économisé pour une nouvelle chaise mais j'ai attendu de publier mon premier livre pour me l'offrir. Ou cherchez des choses qui vous feront vivre des moments heureux plus tard. Réfléchissez à la façon dont un achat va influencer votre comportement à l'avenir.

Il y a quelques années, l'Institut de recherche sur le bonheur travaillait en collaboration avec une ville du Danemark pour améliorer le bien-être des élèves en école publique. Nous avons entre autres recommandé à la ville d'investir dans des pommiers : un arbre pour chaque enfant dans son école. 7439 élèves, 7439 arbres. Quand un enfant entrait à l'école, on lui montrait son arbre. Quand les fruits étaient mûrs, chaque classe cueillait ses pommes. Et le dernier jour d'école, les élèves confiaient leur arbre à un nouvel élève plus jeune.

Cette initiative permettait à la fois d'apprendre aux enfants d'où venait la nourriture, à apprécier des plaisirs simples comme de regarder les pommes mûrir puis les manger, en travaillant en équipe pour les cueillir, de connaître la fierté et la responsabilité de prendre soin d'un arbre et de le transmettre à la génération suivante, et je croyais vraiment que ce serait un bon investissement pour les écoles. Mais le conseil municipal en a décidé autrement. Alors, une ville quelque part peut toujours devenir la première à offrir à chaque élève un pommier. Il doit bien y avoir quelqu'un qui souhaite que sa ville garantisse à ses enfants au moins un souvenir joyeux de cueillette de pommes.

Trois activités bon marché qui peuvent rendre heureux

1. Lire

La lecture – surtout si vous piochez dans une bibliothèque publique ou cette mini-bibliothèque que vous avez installée dans votre immeuble – est gratuite. Pour moi, un après-midi est parfait avec un livre sur une couverture à l'ombre d'un arbre en plein été – et si vous lisez ceci, c'est que vous devez être du même avis. La bibliothérapie, l'art d'utiliser des livres pour aider les gens à résoudre leurs problèmes, existe depuis des décennies, et la croyance dans le pouvoir guérisseur des livres remonterait aussi loin que l'ancienne Égypte ou la Grèce antique. À l'époque, des messages au-dessus des bibliothèques faisaient savoir aux lecteurs qu'ils entraient dans un lieu qui soignait l'âme. Plus récemment, des psychologues de la Nouvelle École de recherche sociale ont découvert que les livres améliorent notre capacité à prendre en compte et interpréter les émotions d'autrui et, selon un article paru dans le *Journal of Applied Social Psychology*, des études montrent aussi que la fiction littéraire augmente notre aptitude à réfléchir sur nos problèmes, grâce aux personnages qui font face aux mêmes soucis et obstacles. En un mot, la lecture est une psychothérapie gratuite.

2. Créer un fichier à sourires

Ruby Receptionist a été élue meilleure petite entreprise où travailler aux États-Unis, par le magazine *Fortune*. Quand un nouveau salarié arrive, il reçoit un « fichier à sourires » où il lui est demandé de consigner chaque commentaire sympathique qu'il reçoit de la part de ses collègues, clients et supérieurs hiérarchiques. Pourquoi ? Parce que les gens se souviennent mieux des critiques que des louanges. C'est une initiative presque gratuite que nous pouvons appliquer à notre vie personnelle, afin d'être davantage conscient de ce que nous *avons*, et ne plus nous concentrer sur ce que nous *n'avons pas*. Une fois par semaine, écrivez entre trois et cinq choses pour lesquelles vous êtes reconnaissant. Ça peut être n'importe quoi, de « Ma famille et mes amis sont en bonne santé » à « Le café et les Rolling Stones », mais essayez aussi de réfléchir sur la façon dont ces choses influencent positivement votre vie. Les études montrent que la traduction de nos pensées en langage écrit tangible a des avantages, par rapport à la simple réflexion. Ces dernières années, les « journaux de gratitude » sont devenus de plus en plus populaires, mais il est important de ne pas voir ces exercices comme un énième truc à faire sur votre liste quotidienne. Les études montrent par ailleurs qu'il est préférable de ne le faire que ponctuellement – disons, une fois par semaine, plutôt que tous les jours, pour éviter que cette activité ne devienne une routine.

3. Monter une communauté de rigolade gratuite

Comme Michelle avant qu'elle ne se lance dans son défi sans achats, nombre d'entre nous organisent leur vie sociale autour de sorties au restaurant ou dans des bars. Mais quand le budget devient serré, le risque d'isolement augmente. Pour contrecarrer cela, pourquoi ne pas créer une communauté de rigolade gratuite, dans laquelle chaque ami organise chacun son tour une activité bon marché, et autour de laquelle vous vous réunissez tous pour passer du bon temps ensemble ?

Avec ma propre communauté, nous avons assisté à des courses de chevaux (prévoyez un pique-nique à la bonne franquette), visité des musées, joué à des jeux de société, nous sommes allés nager et partis en randonnée (sur les anciens domaines de chasses du roi, au nord de Copenhague, où on peut voir des centaines de cerfs). Peut-être que ces quelques idées ne vous conviendront pas. Vous pourriez bien détester les cerfs ou les arbres, et il faudra peut-être trouver votre propre façon de faire, mais le principe de cette initiative est d'ôter tout pouvoir et toute valeur à l'argent quand il est question de bonheur.

Où en avoir pour son argent ?

En tant que groupe, en moyenne, les pays les plus riches sont plus heureux, mais si nous zoomons sur les pays les plus riches du monde, aucun schéma clair ne se dessine.

Le Qatar, le pays le plus riche du monde, n'est classé que 35e par le Rapport mondial sur le bonheur, alors que le Costa Rica, bien plus pauvre, est 12e. Certains pays semblent plus doués pour convertir leur richesse en bien-être pour leurs citoyens. Par exemple, les États-Unis sont le 18e pays le plus riche du monde, avec un PIB par habitant plus élevé qu'au Danemark, en Finlande, en Suède et en Islande, mais présentent des niveaux de bonheur plus faibles que tous ces pays.

Cela prouve deux choses. D'abord, si l'argent a son importance, ce n'est pas tout ce qui compte. Ensuite, la question n'est pas uniquement combien on gagne, mais aussi ce qu'on fait de l'argent qu'on gagne.

Les pays qui réussiront le mieux au XXIe siècle seront ceux qui parviennent le mieux à transformer la richesse en bien-être ; et cela s'applique aussi au niveau de l'individu. Alors quand il est question du bonheur, comment vraiment réussir à en avoir pour son argent ?

Achetez des souvenirs, pas des objets

« Tu as mérité ton nom maintenant. Tu es un vrai Viking à présent. »

Ces mots ont été prononcés par Jussi, mon éditeur en Finlande. On était début janvier et je venais juste de sortir des eaux glacées de Helsinki. C'était la première fois que je m'essayais à la natation en hiver et, plus tôt ce jour-là, j'avais tapé sur Google : « Peut-on mourir en nageant dans de l'eau glacée ? » Pas vraiment courageux pour un Viking.

Avant de sauter dans l'eau, nous avons passé une heure dans un superbe sauna public tout en bois près du port de Helsinki. À peine Jussi était-il venu me chercher à l'aéroport, que notre conversation s'était tournée vers cette culture unique du sauna en Finlande.

« Les saunas finlandais sont bien meilleurs que les saunas suédois. »

« Qu'est-ce qui les rend meilleurs ? » ai-je demandé, perplexe quant à la façon de juger de la qualité d'un sauna.

« Ils sont plus chauds. »

C'est un euphémisme. À chaque inspiration, j'avais l'impression d'inhaler du piment, et j'ai découvert que je pouvais même transpirer à l'intérieur de la bouche. Bon, ce n'est peut-être pas le plus cool de tous les superpouvoirs de super-héros mais, à ce moment-là, ça m'a été bien utile.

Toutes les vingt minutes, un des Finlandais travaillant au sauna entrait, posait une question, et les hommes et femmes finlandais répondaient « *kylla* », le mot finnois pour « oui ». On pouvait repérer instantanément tous ceux qui n'étaient pas finlandais dans la pièce. Pas parce qu'ils ne répondaient pas « *kylla* », mais à leur regard complètement paniqué, pensant tous : « Ô mon Dieu, est-ce qu'il vient juste de demander si on voulait mettre un peu plus chaud ? » alors que l'employé versait de l'eau sur les pierres brûlantes, créant encore plus de vapeur.

Être exposé à une chaleur extrême dans une pièce sombre force à se concentrer sur sa respiration, et c'était une expérience incroyable et méditative. Une des premières choses que j'ai faites en rentrant à Copenhague, c'est de chercher des saunas.

Plus tard ce jour-là, cette chaleur intense transforma ma peur en une attente agréable. L'eau dans laquelle nous allions ensuite plonger était froide, oui, mais rien à voir avec l'expérience de mort imminente que je m'étais imaginée. Ce sentiment d'être en vie et de sentir mon corps chaud, alors que j'étais à moitié nu, debout dans la nuit noire de janvier à Helsinki, après avoir nagé au milieu de la glace, c'était de la joie pure. Cette expérience a beau n'avoir duré que quelques heures en tout, c'est un souvenir que je porterai en moi pour toujours.

Projet bonheur

Achetez des expériences et des souvenirs, pas des objets.

Selon les chercheurs Dunn et Norton, si nous voulons acheter du bonheur, il est plus sage d'investir dans des expériences que dans des objets, car « étude après étude, [il est prouvé que] les gens sont de meilleure humeur quand ils se souviennent d'achats d'expériences, qu'ils considèrent comme "de l'argent bien dépensé" ». Si on demande aux gens de comparer deux types d'achats faits avec l'intention d'augmenter leur bonheur – l'un où ils ont acheté un objet tangible (comme un iPhone, plaqué or ou non) et l'autre où ils ont acheté une expérience (un voyage, par exemple), – et de choisir laquelle les a rendus le plus heureux, 57 % répondront l'expérience et seulement 34 % l'objet tangible.

Acheter des expériences est particulièrement bon pour le niveau de bonheur si ces expériences se vivent à plusieurs et si elles sont en lien avec la façon dont vous vous voyez. Par exemple, je me vois comme un chercheur sur le bonheur, et donc j'aurai plus de plaisir à visiter le Bhoutan – le pays qui a mis en place des politiques basées sur le bonheur intérieur brut depuis les années 1970 – que vous. Considérez les expériences comme un investissement dans des souvenirs heureux, et dans votre histoire et votre épanouissement.

Projet bonheur

Achetez des expériences qui ont un sens, qui s'inscrivent dans quelque chose de plus grand

Essayez également d'acheter des expériences qui s'inscrivent dans un plus large parcours de vie. Quelque chose qui vous rapproche encore de votre passion de toujours. Par exemple, pourquoi ne pas devenir le plus grand expert mondial en couleur bleue ?

Il faudrait vous documenter en histoire (pourquoi dit-on que le sang royal est bleu ?), en science (pourquoi le ciel est bleu ?), en anthropologie (quelles sont les différentes connotations culturelles du bleu ?), en linguistique (pourquoi bleu, *blue* [anglais] et *blau* sont-ils si proches, mais si différents de *azul* [espagnol], *niebieski* [polonais] et *sininen* [finnois] ?), en anatomie (combien de bleus différents l'œil humain peut-il identifier ?), en génétique (pourquoi si peu de gens ont-ils les yeux bleus ?) et en photographie (qu'y a-t-il de si magique dans l'heure bleue ?).

Si vous deviez devenir expert en bleu, imaginez comment vous économiseriez pour un voyage à Chefchaouen, une ville entièrement bleue dans les montagnes du Rif au nord du Maroc, sur le Nil Bleu d'Éthiopie, ou dans les montagnes Bleues d'Australie, où une substance chimique organique qui se trouve dans les eucalyptus crée ce brouillard bleu qui a donné leur nom aux montagnes. Ces expériences seraient encore plus enrichissantes à vivre si elles s'inscrivaient dans votre passion pour le bleu.

Cette passion vous offrirait aussi une identité au-delà de votre profession. Alors, que choisissez-vous ? Moi je suis très intéressé par le bleu.

Peinture
à l'huile
—
BLEU DE
MANGANÈSE
Peinture
à l'huile
—
BLEU
COBALT
Peinture
à l'huile
—
BLEU
CÉRULÉEN
Peinture
à l'huile
—
BLEU
DE PRUSSE
Peinture
à l'huile
—
AIR FORCE
BLUE
Peinture
à l'huile
—
BLEU
ROYAL
Peinture
à l'huile
—
BLEU
BLEUET
Peinture
à l'huile
—
BLEU
ÉGYPTIEN

Combien d'argent peut rapporter le bonheur ?

Finalement, si l'argent peut réduire la misère et donc augmenter les niveaux de satisfaction dans la vie, la relation inverse – le bonheur menant à un revenu plus élevé – peut aussi être vraie.

Du moins c'est ce que le Dr Jan-Emmanuel De Neve et le Pr Andrew Oswald ont découvert. Jan-Emmanuel est maître de conférences en économie et stratégie à la Said Business School et à l'université d'Oxford, mais surtout, il est super sympa. La première fois que je l'ai rencontré, c'était aux Émirats arabes unis à une conférence sur le bonheur.

« Nous avons étudié ces graphiques comme il faut », dit Jan. « Nous présentons les chiffres comme si le bonheur était en fonction du revenu ; mais si nous avions tout fait à l'envers ? Et si la relation était inversée ? »

« Il faudrait suivre des milliers de gens pendant des décennies pour pouvoir le prouver. »

« Nous l'avons prouvé. Nous avons utilisé les données de Add Health. » Add Health est une immense base de données américaine qui contient des informations sur des individus représentatifs, étudiés au fil du temps, et qui inclut des données sur l'affect positif, la satisfaction dans la vie et le revenu.

« Leur niveau de bonheur pendant l'enfance prédit leur revenu à l'âge adulte. »

« Mais se pourrait-il que des parents qui ont fait de plus longues études et qui ont un revenu plus élevé aient des enfants plus heureux, et que ces parents fassent tout pour que leurs enfants aillent à l'université, et donc s'assurent des revenus plus élevés plus tard ? » demandai-je alors, tout fier, car j'étais de loin le type le plus bête autour de la table.

« Il y a un hic », dit Jan en souriant et en se penchant au-dessus de la table, comme s'il allait nous révéler les codes nucléaires. « Nous avons des millions de fratries dans l'étude, donc nous pouvons en extraire les effets parentaux. Celui de la fratrie qui est le plus heureux sera celui qui gagne le plus d'argent à l'âge adulte. »

Et l'effet est immense. L'étude montre qu'une augmentation d'un point sur une échelle du bonheur de cinq points, à l'âge de 22 ans, entraîne une augmentation de salaire de 1700 euros sept ans plus tard. Les personnes positives ont davantage tendance à obtenir un diplôme de l'enseignement supérieur, trouver un emploi et être promues. De plus, les résultats de l'étude sont solides et tiennent compte de biais tels que l'éducation, le QI, la santé physique, la taille, l'estime de soi et le bonheur futur.

Les implications de cette étude soulignent l'importance du bien-être subjectif de nos enfants – et je comprends aussi que Jan ait baissé la voix au moment de révéler sa découverte. Ces informations seraient dangereuses entre les mains des enfants. « Pas besoin de faire mes devoirs, papa. Donne-moi juste quelques bonbons, sinon mes revenus futurs pourraient bien être compromis. »

Il vaut mieux garder pour nous les résultats de l'étude « Estimation de l'influence de la satisfaction dans la vie et de l'affect positif sur les revenus futurs, grâce aux effets fixes au sein des fratries », d'accord ?

L'argent

Investir dans le bien commun

Les pays nordiques : un très large soutien public pour un haut niveau d'imposition signifie un bon rendement en qualité de vie. Apprenez-en plus p. 42.

L'expérience « dépensez moins, vivez plus »

Royaume-Uni : pour une expérience, Michelle McGagh a vécu une année entière en n'achetant que le minimum vital et a trouvé des moyens de profiter de la vie sans argent. Apprenez-en plus p. 102.

La promesse de don

États-Unis : la promesse de don, ou *The Giving Pledge* en anglais, est une initiative philanthropique lancée par Warren Buffett et Bill et Melinda Gates pour encourager les personnes et familles les plus riches du monde à donner la majorité de leur fortune pour faire face aux défis sociaux majeurs, de la réduction de la pauvreté à la santé ou l'éducation. Aujourd'hui, plus de 150 milliardaires issus de plus de quinze pays différents ont signé cette promesse

Le Programme Targeting the Ultra-poor (TUP)
Pabna, Bangladesh : l'organisme de développement BRAC aide les gens à sortir de la pauvreté en les unissant, en les faisant travailler ensemble sur leurs propres ressources afin de lancer leur entreprise et résoudre les problèmes au sein de la communauté.

Le restaurant de Robin des Bois
Madrid, Espagne : ouvert par l'association caritative Mensajeros de La Paz, c'est un restaurant tout à fait normal en journée, mais qui, la nuit venue, se transforme en un endroit avant-gardiste où les sans-abri peuvent s'asseoir à des tables décorées de fleurs, et dîner avec de vrais couverts et verres, le tout gratuitement. Le restaurant utilise l'argent des clients du petit déjeuner et du déjeuner pour financer ces repas gratuits du soir.

Reaching Out Vietnam
Hôi An, Vietnam : Reaching Out Vietnam offre la possibilité à des personnes atteintes d'un handicap d'acquérir des compétences et d'accéder à un emploi valorisant, afin de s'intégrer pleinement à leur communauté et de s'épanouir dans leur vie. Des boutiques de cadeaux équitables vendent des objets fabriqués par des personnes handicapées au Vietnam et les profits sont réinjectés dans l'entreprise afin d'aider les personnes handicapées, en les formant et en leur trouvant un emploi.

Chapitre 5

La santé

La santé

Tous les parents, quelle que soit leur culture, semblent partager un souhait pour leurs enfants : qu'ils soient en bonne santé. Une bonne santé nous permet de jouer, de partir à l'aventure, de courir après le bonheur.

À l'Institut de recherche sur le bonheur, et en collaboration avec le LEO Innovation Lab, nous avons étudié comment le psoriasis – une maladie inflammatoire chronique de la peau – influence le bonheur. À ce jour, le projet PsoHappy a collecté des informations auprès de 50 000 personnes, vivant dans plus de quarante pays différents. Dans chaque pays, nous avons découvert que ceux qui vivent avec le psoriasis sont en général moins heureux que la population générale.

En tant que chercheur sur le bonheur, je ne vois aucune politique plus évidente pour améliorer la qualité de vie que de garantir un système de soins universel.

Dans les pays nordiques, qui sont invariablement classés parmi les dix pays les plus heureux du monde, tout le monde bénéficie de soins de santé gratuits. Les habitants peuvent donc moins s'inquiéter que les autres au sujet de leur santé au quotidien, et cette sécurité constitue une base solide pour de hauts niveaux de bonheur.

Ou, comme le sénateur américain Bernie Sanders le dit :

« Au Danemark, il y a une compréhension vraiment différente du sens du mot “liberté”. Là-bas, ils ont beaucoup œuvré pour mettre fin aux inquiétudes immenses liées à l'insécurité économique. Au lieu de promouvoir un système qui permet à quelques-uns de jouir d'une énorme fortune, ils ont développé un système qui garantit un niveau de vie minimal fort pour tout le monde, y compris les enfants, les personnes âgées et handicapées. »

En d'autres termes, *Breaking Bad*, la série télévisée dans laquelle un enseignant devient un caïd de la drogue pour payer son traitement contre le cancer, aurait été incroyablement nulle dans un contexte nordique. « Voici vos médicaments, Walter. On se revoit le 5. »

En outre, il existe une relation inverse entre le bonheur et la santé : notre bonheur a des conséquences sur notre santé. Un plus haut niveau de bonheur prédit une meilleure santé physique dans l'avenir. Selon le Rapport mondial sur le bonheur 2012 :

La littérature médicale a montré de fortes corrélations entre divers résultats faibles en matière de bien-être et les résultats ultérieurs en matière de maladie coronarienne, de crise cardiaque et d'espérance de vie. Les personnes avec un affect positif plus élevé ont une meilleure activité neuro-endocrinienne, inflammatoire et cardio-vasculaire. Ils sont moins enclins à attraper un rhume quand ils sont exposés au virus, et se remettent plus vite en cas de contamination.

Une de ces études a été menée par Andrew Steptoe, professeur de psychologie et chef du département de recherche Santé et Science du comportement à l'Institut d'épidémiologie de l'University College London (UCL), et Jane Wardle, professeur de psychologie clinique au Centre de recherche en comportement de santé, également à l'UCL. Pendant cinq ans, ils ont dirigé une étude sur le bonheur affectif des participants, suivant ainsi environ 4 000 Britanniques de 52 à 79 ans, divisés en trois groupes, en les interrogeant sur leur humeur. Ils ont ainsi découvert que le tiers le plus heureux avait un taux de mortalité inférieur de 34 % – même après les contrôles réalisés dès le début sur la démographie et l'état de santé.

Sur cette base, vous vous attendriez à découvrir que les heureux Danois aient l'espérance de vie la plus longue du monde. Pourtant ce n'est pas le cas. Cet honneur revient au Japon. Le Danemark n'est que 27e, les Danois ne vivant qu'un peu plus d'une année de plus que les Américains et une année de moins que les Britanniques. Par ailleurs, de tous les peuples nordiques, les Danois sont ceux qui ont l'espérance de vie la plus courte.

Espérance de vie en années

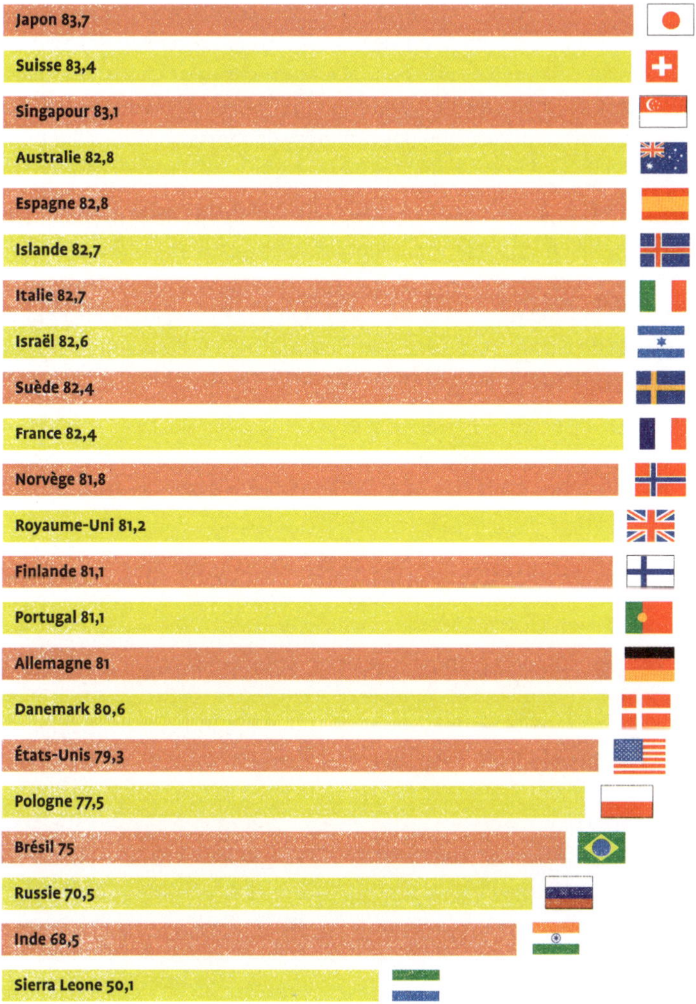

Source : Organisation mondiale de la santé

En général, les Danois fument beaucoup, boivent beaucoup et mangent énormément de viande et de sucre, ce qui n'est pas compatible avec une vie longue et saine. Le *hygge* – la pierre angulaire de la culture et du mode de vie danois – consiste en partie à se faire plaisir avec des roulés à la cannelle et du chocolat chaud recouvert de crème fouettée sans ressentir le moindre soupçon de culpabilité. Le *hygge* est peut-être bon pour le bonheur, mais pas forcément pour la santé.

L'année dernière, le *hygge* est devenu un tel phénomène mondial que la demande de pâtisseries a augmenté et que le marché des épices a été bouleversé. « Depuis que le *hygge* est connu, nous vendons un tiers de plus de gâteaux et de petits pains », a confirmé Jonas Aurell de ScandiKitchen, à Londres, au *Financial Times*. Pendant ce temps, le prix de la cannelle s'est envolé de 20 %.

Bien sûr, cela soulève une autre question : si les Danois se goinfrent de pâtisseries plus vite que leur ombre, comment se fait-il que le Danemark ne soit classé que 107e en matière d'obésité (par rapport au Royaume-Uni, à la 43e place, et les États-Unis, à la 18e) ?

Les Danois contrebalancent les roulés à la cannelle avec de l'activité physique. Tous les Danois ne sont pas accros à la natation en plein fjord, au vélo ou au ski de fond, mais 31 % d'entre eux ont une activité physique au moins cinq heures par semaine pendant leur temps libre, selon Eurostat, le bureau officiel des statistiques de l'Union européenne. Pourtant les Danois détestent le sport comme n'importe qui d'autre : alors comment réussissent-ils à bouger autant ?

Les Vikings à deux-roues

Faites bien attention en marchant dans les rues de Copenhague pour la première fois. Si vous marchez sur une piste cyclable dans la capitale danoise, vous provoquerez chez les autochtones la même réaction que si vous faisiez un pique-nique sur le trajet de la course de taureaux pendant les fêtes de la San Fermin à Pampelune.

À Copenhague, 45 % des trajets pour aller au travail ou à l'école se font à vélo. Et en ce qui concerne les personnes qui vivent et travaillent dans Copenhague, ce chiffre monte à 63 % des trajets domicile-travail. Oh, et la plupart ne sont pas des hommes d'âge moyen en cycliste moulant : c'est juste pour aller au travail, pas faire le Tour de France. Les gens portent des talons, des costumes... et, au dernier réveillon du Nouvel An, j'ai même pédalé en smoking.

La prise de pouvoir des deux-roues

La prise de Copenhague par les deux-roues est un phénomène assez récent. Il y a maintenant plus de vélos que de voitures dans le cœur de la ville. En fait, il semble que la seule chose qu'on ait ici en plus grand nombre que les vélos soit les statistiques sur les vélos. Selon l'Ambassade du vélo au Danemark (oui, ça existe) :

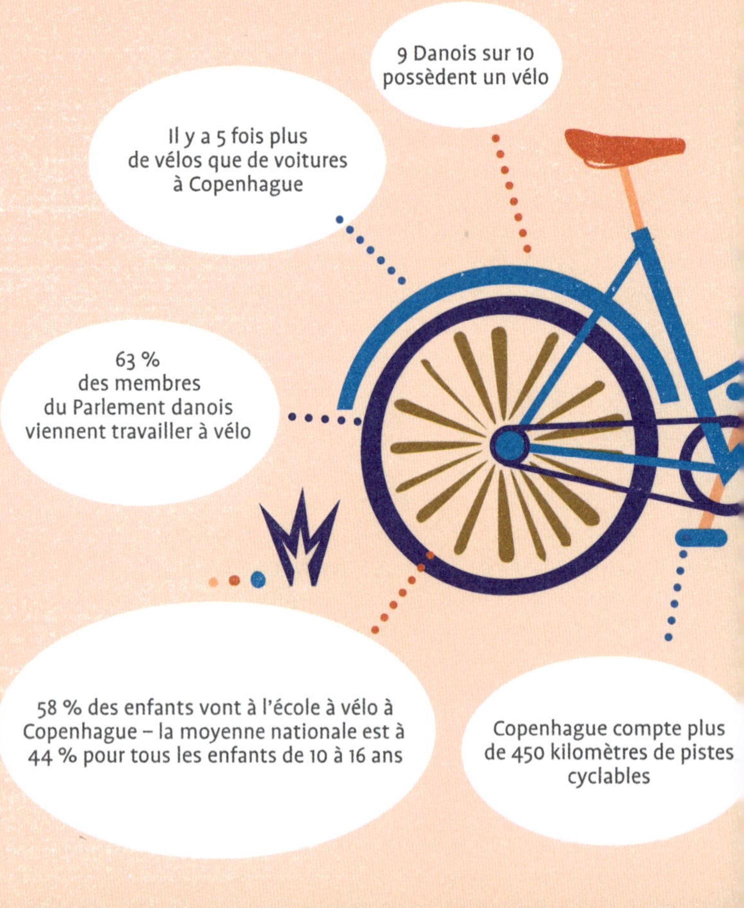

17 % de tous les trajets au Danemark se font à vélo (néanmoins, ce chiffre est bien plus élevé dans les zones urbaines denses comme Copenhague)

17 % des familles avec enfants possèdent un vélo cargo

En moyenne, les Danois pédalent 1,5 km par jour

18 000 vélos sont volés chaque année à Copenhague

75 % des cyclistes utilisent leur vélo toute l'année

Les cyclistes de Copenhague parcourent à vélo plus de 1,2 million de kilomètres par jour

L'endroit où ces statistiques sont les plus flagrantes, c'est dans Nørrebrogade (c'est la voie cyclable de Copenhague la plus fréquentée) à l'heure de pointe. J'ai pris ce chemin pour aller au travail pendant huit ans, et je me joignais chaque matin à ce flot d'étudiants, d'hommes et femmes d'affaires, de membres du Parlement et de jeunes enfants en apprentissage de leur deux-roues.

Ce sont les bonnes conditions d'utilisation qui expliquent ces hordes de Vikings à deux-roues. Si vous visitez Copenhague, vous serez frappé par les efforts de la ville pour les rendre heureux. Il y a des poubelles inclinées (pour jeter facilement votre café à emporter tout en pédalant), des repose-pieds pour les cyclistes qui patientent au feu rouge – et s'il devait y avoir des chutes de neige, les pistes cyclables seraient déblayées avant les routes.

Ici, les cyclistes ne sont pas considérés comme des citoyens de seconde classe, ils sont traités avec dignité et même plus, comme les rois et les reines de la route.

Projet bonheur

Montez à vélo

Ce week-end, dépoussiérez votre vélo et sortez prendre l'air.

Vous vous souvenez peut-être de bons moments passés à vélo dans votre enfance. C'était bien, hein ? Il est temps de raviver cette flamme – ou juste de tomber amoureux d'une bicyclette pour la toute première fois. Si vous n'avez jamais fait de vélo, trouvez une association ou une personne pour vous apprendre. Si vous n'avez pas de vélo, empruntez-en un – vous vivez peut-être dans une ville qui a mis en place un système de partage de vélos ? Trouvez comment remplacer la voiture ou les transports en commun en utilisant le vélo – ou partez juste en week-end en bord de mer, au parc, n'importe où.

Allongez votre *cycle* de vie

Notre indice de masse corporelle (IMC) n'est pas une mesure suffisante de la santé et, évidemment, notre santé est plus que notre seul poids – mais voici de très bonnes nouvelles pour les cyclistes.

Une nouvelle étude menée par l'université de Glasgow et publiée dans le *British Medical Journal* en 2017 prouve qu'aller au travail à vélo diminue le risque de mort prématurée de 41 %, en comparaison avec un trajet non actif. Par exemple, les gens qui vont au travail à vélo ont 45 % de risque en moins de développer un cancer et 46 % de risque en moins d'avoir une maladie cardiaque. Cette étude est rigoureuse et a utilisé des données de plus de 260 000 participants issus de la UK Biobank, en les suivant pendant cinq ans. Les nouveaux cas de cancer, de crises cardiaques et de morts dans cette période de cinq ans ont été répertoriés et croisés avec les modes de transport domicile-travail des participants. Les résultats de cette étude sont cohérents avec ceux des études danoises concernant les bénéfices du vélo en matière de santé.

L'une d'entre elles s'est intéressée à plus de 50 000 Danois âgés de 50 à 65 ans. Les participants ont été suivis pendant vingt ans. Ceux qui n'allaient pas au travail à vélo au début de l'étude mais qui s'y sont mis au cours des cinq premières années ont vu leur risque de développer une maladie cardiaque diminuer de 26 %, par rapport à ceux qui faisaient des trajets passifs. Cela montre qu'il n'est jamais trop tard pour prendre de nouvelles bonnes habitudes pour notre santé. Une autre étude danoise a découvert que le taux de mortalité des personnes se rendant au travail à vélo est de 30 % inférieur à celui de celles qui s'y rendent par un moyen de transport passif.

En outre, il a été prouvé que le vélo a un effet préventif sur le diabète non insulino-dépendant (diabète de type 2), l'ostéoporose et la dépression. L'Association médicale britannique a prouvé que le bénéfice sur l'allongement de la durée de vie grâce à l'activité physique à vélo est plus de 20 fois plus important que l'augmentation du risque d'avoir un accident. Bien sûr, des accidents arrivent mais, pour chaque accident de cycliste à Copenhague, l'ensemble des cyclistes parcourt 4,4 millions de kilomètres – soit 110 fois le tour de la Terre. Le vélo nous rend plus actifs et en meilleure santé, ce qui nous rend alors plus heureux – que ce soit à court ou à long terme.

Non seulement faire du vélo rallonge notre espérance de vie et affine notre taille, mais les deux-roues réduisent l'encombrement des axes de circulation, la pollution de l'air et améliorent la situation financière de nos villes. La municipalité de Copenhague a analysé les effets de l'usage du vélo et de la voiture. En considérant le coût total de l'utilisation de chacun de ces modes, en termes de pollution de l'air, d'accidents, d'embouteillages, de bruits et d'usure des infrastructures, le vélo fait économiser à la ville 0,45 couronne (soit environ 6 centimes d'euro) pour chaque kilomètre parcouru, par rapport à la voiture. Avec plus de 400 millions de kilomètres avalés chaque année dans la capitale, le calcul est vite fait.

Ce n'est pas non plus une coïncidence si, parmi les villes les plus agréables à vivre du monde, selon le classement établi par *Monocle and Mercer*, la plupart sont aussi celles où le vélo a le plus sa place. Au même titre que Copenhague, des villes comme Berlin, Vienne ou Stockholm font partie de cette catégorie. Deux tiers des habitants de Copenhague pensent que les vélos ont un impact positif ou très positif sur l'ambiance de la ville.

Néanmoins, pour une grande majorité de Danois, rien de tout cela ne compte. La raison principale pour laquelle nous faisons du vélo, ce n'est pas pour être en meilleure santé, ou pour fluidifier le trafic, renforcer notre économie ou protéger la planète : nous le faisons juste parce que c'est facile et pratique.

Faire mieux que les Danois

« Une ville ne réussit pas quand elle est riche mais quand ses habitants sont heureux. Créer des voies cyclables et piétonnes montre du respect pour la dignité humaine. Nous disons aux gens : “Vous êtes importants – pas parce que vous êtes riches, mais parce que vous êtes humains.” Si les gens sont considérés comme spéciaux, sacrés même, alors ils se comportent de cette manière. Nous avons besoin de marcher comme les oiseaux ont besoin de voler. Créer des espaces publics est un moyen de mettre en place une société qui n'est pas seulement plus égale mais aussi plus heureuse. » Ces mots sont ceux de Guillermo Peñalosa, que j'ai rencontré à une conférence à Kuala Lumpur. Il est l'ancien responsable des Parcs, Sports et Loisirs de la ville de Bogotá en Colombie. Son discours sur la création de voies piétonnes m'a rappelé quelque chose que j'avais entendu quelques années auparavant dans la bouche d'un homme qui portait le même nom de famille.

« À tout hasard, seriez-vous de la même famille qu'Enrique Peñalosa ? » lui ai-je demandé. Guillermo a tendu ses bras vers moi et a souri : « C'est mon frère. » Enrique est le maire de Bogotá, et les deux frères sont passionnés par la marche, le vélo et les espaces publics qui feraient même passer les Copenhagois pour de petits joueurs. Les plus grands obstacles au bonheur sont de se sentir inférieur ou exclu. Une bonne ville ne laisse pas ses habitants se sentir ainsi. Le jour même de ma rencontre avec Gil, j'avais essayé de me rendre à pied au jardin botanique qui se trouve à 200 mètres du centre de conférences, mais j'avais dû abandonner, faute de trottoir pour le rejoindre.

« Un pays développé n'est pas un endroit où les pauvres ont des voitures. C'est là où les riches utilisent les transports en commun. C'est là où les riches marchent et vont à vélo. Nous devrions créer des

villes où les riches et les pauvres sont sur un pied d'égalité : dans les parcs, sur les trottoirs, dans les transports en commun. »

Il pense que les meilleurs espaces publics, comme les beaux parcs, les voies cyclables et les rues adaptées aux piétons, fonctionnent comme des mixeurs sociaux. Comme des égaliseurs dans nos villes et sociétés. Nous nous fréquentons en général selon notre hiérarchie sociale. Au travail, vous êtes le chef ou l'employé. Au restaurant, vous êtes servi ou vous servez. Une des initiatives créées par Bogotá s'appelle Ciclovía : la ville ferme alors plus de 100 kilomètres de rues aux voitures le dimanche. Les rues deviennent alors des espaces pour marcher, faire du vélo ou jouer. Plus d'un million de personnes en profitent. Cette initiative s'est étendue à plusieurs villes du monde, un petit pas en avant vers plus d'activité physique au quotidien.

Marchez plus

Voici 10 moyens de faire plus de sport sans pour autant passer par la salle de gym (et qui vous permettront de rencontrer des gens) :

1. Dites non aux escalators.

2. Marchez jusqu'au bureau d'un collègue pour lui parler au lieu de l'appeler ou d'envoyer un e-mail.

3. Trouvez un compagnon de marche. Un partenaire peut être un très bon motivateur pour marcher tous les jours, surtout quand le ciel est gris ou que vous trouvez de bonnes excuses pour ne pas sortir.

4. Prenez la route touristique. Il existe des applications pour smartphones qui ne vous donneront pas la route la plus directe mais la plus jolie.

5. Faites de vos mercredis des Mercredi Marche : ce jour-là, allez marcher après le dîner en famille, entre amis ou même tout seul.

10. Adhérez à un club de marche ou de randonnée. Il y a peut-être déjà un groupe dans votre quartier ; sinon, demandez à vos voisins s'ils n'aimeraient pas en créer un.

9. Proposez à vos amis de faire une balade, et pas de prendre un café, ou de prendre un café tout en marchant.

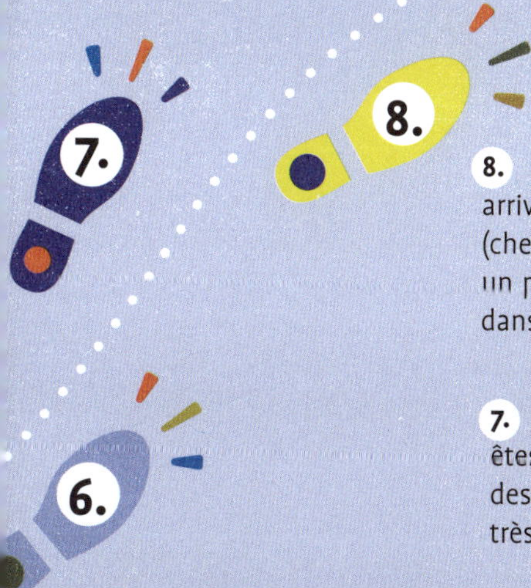

8. Marchez, n'attendez pas. Si vous arrivez en avance à un rendez-vous (chez le médecin, par exemple) faites un petit tour au lieu de vous asseoir dans la salle d'attente.

7. Emportez un podcast. Si vous êtes seul, vous pouvez écouter un des nombreux podcasts gratuits très bien faits.

6. Partez en « safari pile ou face ». C'est un moyen génial de découvrir son quartier. Nous avons tendance à toujours suivre les mêmes chemins lors de nos balades, alors prenez une pièce de monnaie la prochaine fois et, à chaque intersection, laissez la pièce décider par où passer. En connaissant mieux votre quartier, vous vous y sentirez davantage chez vous, et vous pourriez bien découvrir de nouveaux endroits préférés.

Projet bonheur

Bougez plus chaque jour

Mettez plus de mouvements dans votre activité quotidienne : prenez les escaliers, tenez vos réunions tout en marchant et garez-vous aussi loin que possible de l'entrée du supermarché.

L'astuce évidente serait de commencer à aller au travail, à l'école ou n'importe où à vélo. Mais votre ville n'est peut-être pas encore prête pour les vélos. Alors, inciter votre conseil municipal à investir dans des infrastructures pour les gens, et non pour les voitures, pourrait être la première étape d'un long chemin. Il existe heureusement quelques solutions à court terme.

La raison pour laquelle les Danois bougent plus que tous les autres habitants de l'Union européenne, c'est qu'ils ne considèrent pas cela comme du sport, mais comme des déplacements. Une petite dose d'activité physique s'inscrit naturellement dans votre vie au lieu d'être pratiquée dans une salle de sport.

Cette idée va à l'encontre du fait que nous avons construit des sociétés beaucoup trop pratiques : nous restons assis au travail, nous restons debout dans l'escalator, nous franchissons des portes automatiques, nous conduisons jusqu'à la salle de sport pour suer pendant une heure sur un Stairmaster. La leçon clé qu'il faut retenir du mode de vie danois, en matière de santé, est d'inclure l'activité physique dans sa routine quotidienne.

L'Institut de recherche sur le bonheur est situé près des lacs du centre de Copenhague. Dans ce coin, il n'y a pas de trafic ni, donc, de bruit, ce qui me permet de marcher au bord des lacs quand j'ai besoin de passer un coup de fil, et même de tenir des réunions tout en me promenant – ainsi, mes collaborateurs et moi avons des discussions mensuelles, et non des entretiens annuels, et nous les tenons tout en marchant.

De plus, quand je demande à mon barista de me préparer un café, je grimpe cinq étages jusqu'en haut de l'immeuble, puis je redescends, et mon café est prêt. Ça ne me prend pas plus de temps que de juste attendre, et comme je bois quatre cafés par jour, cela signifie que je monte cent étages par semaine. De la même façon, deux heures passées devant l'ordinateur « me coûtent » vingt-cinq pompes.

Est-ce que je me sens un peu bête quand des collègues me surprennent en train de faire mes pompes ?

Complètement.

Est-ce que je pense que ça en vaut la peine ?

Oh oui.

Améliorateurs d'humeur

L'amour des Danois pour le vélo est en partie dû à son effet sur notre humeur au quotidien. En plus de nous faire faire de l'exercice, les études montrent que la marche et le vélo nous mettent de meilleure humeur que la voiture.

Un groupe de scientifiques de l'université McGill à Montréal a cherché à déterminer quel mode de transport nous met de meilleure humeur. Cette étude a été conduite chez 3400 personnes – pendant l'été et l'hiver – et s'est intéressée à six moyens de transport courants : la voiture, le bus, le train, le métro, le vélo et la marche. Les chercheurs ont observé la satisfaction tirée de chaque moyen de transport. Ils ont découvert que la plus grande satisfaction était ressentie par ceux qui pouvaient aller au travail à pied, alors que ceux qui devaient s'y rendre en bus étaient les moins satisfaits.

Rien de bien étonnant, vous vous dites sûrement. Si vous pouvez aller à pied au travail, c'est que votre trajet ne dure pas trois heures. Et c'est vrai : la durée dicte bien d'une certaine façon le choix de notre moyen de transport. Il est donc on ne peut plus intéressant d'étudier les travailleurs au fil du temps et d'observer ce qu'il se passe quand ils changent de moyens de transport.

Par chance, c'est exactement ce que les scientifiques des universités de East Anglia et York ont fait, en suivant un groupe de 18 000 Britanniques pendant dix-huit ans dans l'étude publiée en 2014 « Un trajet domicile-travail actif améliore-t-il le bien-être psychologique ? Résultats longitudinaux de dix-huit vagues de la British Household Panel Survey[1] » (la règle d'or des publications académiques étant, plus le titre est long, mieux c'est). Ils ont découvert que les gens qui

1. Panel représentatif des ménages britanniques.

passent de la voiture à la marche ou au vélo ressentaient une amélioration de leur bien-être psychologique, même si le nouveau trajet leur prenait alors *plus de temps*.

Je me rends au travail à vélo, et je traverse un grand jardin public. C'est notamment grâce à ce jardin que je peux savoir quand le printemps arrive : je sens quand les cerisiers sont en fleur. Une des raisons qui expliquent que nous soyons de meilleure humeur à vélo qu'en voiture, c'est que nos sens sont plus stimulés. Nous nous sentons simplement plus vivants : marcher est une expérience plus sensorielle que la conduite. Surtout si vous vous lancez dans ce que les Japonais appellent le *shinrin-yoku*.

Aussi facile qu'une balade en forêt

Vous prenez une grande inspiration, profonde, et vos poumons se remplissent d'un air frais et humide. Les feuilles sont d'une couleur qu'on ne voit que lors des toutes premières semaines de printemps et les rayons de soleil dansent parmi les feuillages alors que vous avancez lentement au cœur de la forêt.

Si vous vous arrêtez un instant et fermez les yeux, les seuls bruits que vous pouvez entendre sont votre respiration, un oiseau au loin et le vent dans les arbres. Il y a plus de cent soixante ans, Henry David Thoreau prescrivait la vivacité de la nature pour soigner l'insatisfaction des hommes dans son *Walden ou la vie dans les bois*. Aujourd'hui, la pratique du *shinrin-yoku* pourrait provoquer l'augmentation de telles recommandations.

Shinrin-yoku se traduit littéralement par « bain de forêt », ou avaler l'atmosphère de la forêt, et fait référence à l'absorption des images, des odeurs et des bruits d'un paysage naturel pour améliorer la santé physique et psychologique. Ce terme a été créé en 1982 mais aujourd'hui, des millions de Japonais parcourent les quarante-huit chemins de « forêt-thérapie », pour faire le plein de ce qu'on pourrait appeler, je pense, des « naturphines », ou endorphines de la nature.

Les inconditionnels du *shinrin-yoku* estiment que c'est une pratique différente de la randonnée car il s'agit de s'imprégner de tout ce qui nous entoure, et de stimuler tous nos sens, et parce qu'elle se concentre sur ses bienfaits thérapeutiques.

Le Pr Qing Li de l'École médicale de santé japonaise à Tokyo a étudié les effets du *shinrin-yoku* et a découvert que cette pratique réduit les niveaux de cortisol dans le sang et stimule le système immunitaire. Mais un bain de forêt n'est pas uniquement bénéfique à la santé physique. Des chercheurs de l'université de l'Essex ont étudié les effets sur notre humeur d'une activité physique en milieu naturel. En analysant dix études différentes menées au Royaume-Uni et impliquant plus de 1200 personnes, les chercheurs ont découvert que participer à des activités telles que se promener à la campagne, faire de la voile ou du jardinage avait un effet positif sur l'humeur et l'estime de soi des participants. En gros, les preuves confirment que le temps passé dans la nature est bénéfique pour la santé humaine.

Toujours au Royaume-Uni, des chercheurs ont créé un projet « carte du bonheur », en cartographiant le bonheur dans tout le royaume et maintenant partout dans le monde. Ce travail fait partie d'un projet de recherche de la London School of Economics et vise à comprendre comment le bonheur des gens est affecté par leur environnement local. Comme ils l'expliquent, tout le monde est d'accord pour dire que les collines verdoyantes sont jolies ; mais nous voulons savoir *à quel point* elles le sont. Quelles sont les preuves quantitatives pour affirmer qu'un bel environnement nous rend plus heureux ? Le projet se base sur des expériences individuelles en temps réel, et je ne peux que vous encourager à y participer[1]. Un chercheur vous bipera une fois (ou plus) par jour sur votre portable pour vous demander comment vous vous sentez, et quelques petites choses à contrôler : avec qui vous êtes, où vous vous trouvez, ce que vous faites (si vous êtes à l'extérieur, vous pouvez aussi prendre une photo et l'envoyer). Ce projet a déjà collecté plus de 3,5 millions de réponses partagées par 65 000 participants.

---

1. Cette application est désormais fermée aux nouveaux participants, mais Mapiness 2.0 vient d'être lancée (plus d'infos : http://www.psyt.co.uk/).

Ce que les chercheurs ont découvert, c'est que les participants sont significativement et considérablement plus heureux à l'extérieur, dans tous les milieux verdoyants ou naturels, que dans des environnements urbains. Cette étude apporte de nouvelles preuves sur les liens entre nature et bien-être, renforçant encore les preuves existantes d'une relation positive entre le bonheur et l'exposition à des environnements verts ou naturels dans notre vie.

Pour résumer, de plus en plus de preuves confirment que la nature a un effet positif sur notre santé et notre bonheur. En plus, le *shinrin-yoku* peut vous aider à vous aérer l'esprit et faire l'expérience de nouvelles choses par vos sens. En fait, je vois beaucoup de similarités entre le *shinrin-yoku* et la pratique, toujours plus populaire, de la pleine conscience.

Projet bonheur

En pleine nature

Rendez-vous au même endroit dans la nature régulièrement au cours de l'année et soyez attentif à la façon dont le paysage change à chaque visite.

Trouvez et explorez une forêt. Prenez votre temps et oubliez que ce paysage ferait une jolie photo pour Instagram. Préférez plutôt écouter le bruit du vent dans les arbres, regarder le soleil se refléter sur les branches, prendre une grande inspiration et découvrir quelles odeurs vous parvenez à déceler. Essayez de vous rendre au même endroit plusieurs fois par an, afin de vraiment vous rendre compte des changements au fil des saisons. Saluez le premier jour du printemps, de l'été, de l'automne et de l'hiver. Allez-y seul ou invitez des compagnons.

Le « brain brushing » au Bhoutan

Dans certaines écoles du Bhoutan, les élèves et les professeurs terminent leur journée avec un moment de silence appelé « Brain Brushing[1] », un court exercice de pleine conscience.

La pleine conscience prend ses racines dans le bouddhisme, croyance selon laquelle la poursuite humaine du bonheur perpétuel mène à la souffrance. Nous ressentons de la douleur car rien ne dure. La pleine conscience, c'est être présent. Ici, maintenant, dans le moment actuel, et être bon et aimant envers soi-même. Alors que nos pensées tournent souvent autour de l'avenir ou du passé, la pleine conscience ne s'intéresse qu'à l'instant présent.

Comme les Bhoutanais se concentrent sur le Bonheur national brut (BNB) et non sur le Produit national brut, le pays est presque un laboratoire de tests de différentes approches pour améliorer le bien-être. Une de ces initiatives est le CV du Bonheur national brut, qui cible dix « compétences de vie » pour les élèves du secondaire, grâce à un partenariat entre le ministère bhoutanais de l'Éducation et une équipe de chercheurs de l'université de Pennsylvanie. Une de ces compétences de vie non académiques est la pleine conscience.

1. Littéralement « brossage du cerveau », mais utilisé en anglais par les partisans de cette technique méditative.

Plus de 8 000 élèves ont participé à cette étude, dans laquelle les chercheurs ont classé aléatoirement les écoles soit dans le groupe test, qui recevait le CV du BNB pendant quinze mois, soit dans le groupe de contrôle, qui recevait un CV placebo pendant la même période.

Les chercheurs ont testé deux hypothèses. D'abord, est-ce que le CV BNB augmente le niveau de bien-être ? Et en outre, est-ce qu'un bien-être augmenté améliore les performances académiques ? L'étude a montré que le CV BNB augmentait significativement le bien-être des élèves ainsi que leurs performances académiques.

Parlons santé mentale

Malgré le lien entre santé physique et mentale, l'importance de la santé mentale est toujours négligée et, malheureusement, les maladies mentales sont souvent toujours un sujet tabou.

Un jour, un jeune Coréen m'a interviewé. Je lui racontais que l'une des raisons qui m'avaient poussé à créer l'Institut de recherche sur le bonheur était la mort subite d'un de mes amis à l'âge de 49 ans, car ma mère était décédée au même âge. Ça a été un déclic pour moi. Si vous ne deviez vivre que jusqu'à 49 ans, que feriez-vous de ces années ? Je me suis posé cette question. Garder l'emploi que j'avais alors, et qui ne me plaisait pas tant que ça, ou me lancer dans quelque chose de risqué mais qui pouvait vraiment être génial ?

À ce moment-là, le jeune homme m'a confié que sa mère aussi était morte à l'âge de 49 ans, à cause d'une dépression. La Corée du Sud a le plus haut taux de suicide de l'OCDE, et une incidence élevée de dépression. La dépression est une maladie, mais elle est curable. Il existe hélas encore beaucoup de préjugés sociaux autour des maladies mentales en Corée du Sud – comme dans de nombreux pays – qui entraînent un manque de prise en charge, avec parfois des conséquences désastreuses.

Sur les 28 pays de l'OCDE, la Corée du Sud est classée 27e en matière de consommation d'antidépresseurs. Le Danemark est 7e. Est-ce que cela veut dire que les Danois sont plus dépressifs que les Coréens ? Non, cela signifie juste qu'ils bénéficient d'un traitement. Que la médication soit ou non la bonne façon de traiter la dépression reste ouvert au débat, mais c'est une bonne chose quand une société rend disponible et accessible (subventionné par l'État) un traitement pour une maladie mentale, et que les préjugés autour des maladies mentales sont suffisamment réduits pour que les personnes affectées puissent demander de l'aide.

Pour combattre les préjugés qui entourent les maladies mentales, nous devons écouter plus et apprendre plus. Nous devons mettre fin aux incompréhensions et aux idées préconçues. Nous devons faire cesser les messes basses au sujet des maladies mentales tenues derrière les portes closes. Nous devons prononcer les mots effrayants à voix haute, afin qu'ils en soient affaiblis, et que personne ne doive se battre en silence.

Nous devrions saluer le travail de ceux qui luttent contre l'idée que les maladies mentales devraient être cachées. Il y a quelques années, plusieurs écrivains, mannequins et réalisateurs danois ont participé à une série pour la télévision nationale, autour des maladies mentales auxquelles ils avaient été confrontés. Plus récemment le prince Harry a parlé ouvertement des défis qu'il avait dû relever. Il a dit être « à de nombreuses reprises passé tout près d'une dépression nerveuse profonde » et il encourage aujourd'hui les gens à demander de l'aide et à normaliser les conversations au sujet de la santé mentale. « En fait, ce que j'ai compris en le vivant, c'est qu'une fois que vous commencez à en parler, vous vous rendez compte que vous faites partie d'un grand club », a-t-il confié au *Telegraph* en avril 2017.

C'est grâce à de telles actions que le Royaume-Uni et le Danemark se classent premier et troisième pour leurs efforts visant à réduire les préjugés liés aux maladies mentales et à améliorer la prise de conscience sur ce sujet, selon un rapport sur la santé mentale du groupe de renseignements de *The Economist* (Intelligence Unit's Mental Integration Index). Le moment est venu pour chaque société de parler davantage des pathologies mentales, au même titre que toute autre maladie.

Alors, permettez-moi d'apporter ma pierre à l'édifice, en vous confiant que ma mère souffrait de dépression. Il n'y a aucune raison d'en faire un secret.

La bonne nouvelle pour la Corée du Sud, c'est que le jeune homme qui a perdu sa mère à cause de la dépression est aujourd'hui à la tête de la Fondation Stella, qui a pour objectif de sensibiliser le pays aux réalités de la dépression. Il m'a offert un cadre qui contient trois masques coréens, comme symbole du combat mené contre ces masques derrière lesquels nous nous cachons. Ce cadre a trouvé sa place chez moi, à côté de mon bureau.

Projet bonheur

Abordez le sujet de la santé mentale

La prochaine fois que vous demandez à quelqu'un comment il va, intéressez-vous sincèrement à sa réponse et ne vous contentez pas d'un simple « bien ».

Selon la Fondation pour la santé mentale au Royaume-Uni, près d'un adulte sur deux pense qu'il a été atteint, au cours de sa vie, d'un problème de santé mentale diagnosticable. Pourtant, seul un tiers d'entre eux a reçu un diagnostic. Chaque semaine, c'est un adulte sur six qui subit des symptômes liés à un problème de santé mentale fréquent, comme l'anxiété ou la dépression. N'ayez pas peur de demander à vos amis, à votre famille ou vos collègues : « Mais comment vas-tu vraiment ? » Et n'acceptez pas de réponses en un seul mot. Sur le site mentalhealth.gov[1] (qui dépend du Département de santé et de ressources humaines du gouvernement américain), vous trouverez de nombreux conseils pour aborder le sujet de la santé mentale avec un proche. Par exemple, commencez par dire : « Je m'inquiète pour toi. Pouvons-nous discuter de ce que tu vis actuellement ? Sinon, y a-t-il quelqu'un avec qui tu puisses en parler ? Cette période semble difficile pour toi. Comment puis-je t'aider à trouver du soutien ? » ou « Je suis là pour toi, je suis prêt à t'écouter. Qu'aimerais-tu me dire sur ce que tu vis ? »

---

1. En français, de nombreuses informations ici : http://solidarites-sante.gouv.fr/prevention-en-sante/sante-mentale-et-psychiatrie/ et sur le site de l'INPES « La dépression : en savoir plus pour s'en sortir » (http://solidarites-sante.gouv.fr/IMG/pdf/guide-8.pdf). *(N.d.l.T.)*

La santé

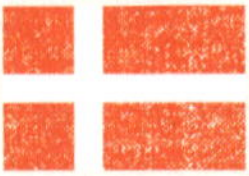

Faire de son trajet domicile-travail une activité physique
Copenhague : à Copenhague, 45 % de tous les trajets domicile-travail ou domicile-école se font à vélo. C'est une des raisons qui expliquent que les Danois bougent plus que la plupart des autres nations, et sans aller dans une salle de sport. Apprenez-en plus p. 131.

Ciclovía
Bogotá, Colombie : chaque dimanche, plus de 100 kilomètres de routes sont fermés à la circulation des véhicules motorisés et deviennent des voies cyclables et piétonnes, ainsi que des aires de jeux. Plus d'un million de personnes en profitent. Apprenez-en plus p. 140.

Shinrin-yoku
Japon : le « bain de forêt » fait référence à une imprégnation d'images, d'odeurs et de bruits d'un environnement naturel pour promouvoir la santé physique et psychologique. Apprenez-en plus p. 149.

Le « Brain Brushing »
Bhoutan : les élèves et les professeurs commencent et finissent leur journée par un exercice de pleine conscience en silence, pour améliorer leur bien-être et leurs performances académiques. Apprenez-en plus p. 152.

Réduire les préjugés autour de la santé mentale

Royaume-Uni : le Royaume-Uni est classé parmi les meilleurs pour ses efforts à réduire les préjugés liés aux maladies mentales, et améliorer la prise de conscience de chacun sur ce sujet, selon un rapport sur la santé mentale du groupe de renseignements de *The Economist*. Le chemin est encore long pour tous les pays, mais la campagne récente lancée par la famille royale et qui met en scène des célébrités et d'autres personnes dans des vidéos pour discuter de dépression ou d'anxiété est un pas dans la bonne direction. Apprenez-en plus p. 154

La route touristique

États-Unis : les chercheurs de Yahoo! Labs ont développé un algorithme qui calcule le trajet le plus agréable et pittoresque depuis votre position actuelle jusqu'à votre destination. Par exemple, le trajet le plus rapide entre le domicile de Paul Revere jusqu'à Boston vous fera passer par des rues remplies de voitures. En ajoutant seulement deux minutes à votre temps de trajet, vous pourrez traverser des zones plus calmes.

Les bonbons des sportifs

Reykjavik, Islande : l'émission télévisée *Lazy Town* (« ville feignante ») met en scène un personnage athlétique qui suit un régime alimentaire à base de fruits et légumes pour encourager les enfants à participer à des activités physiques à l'extérieur et à manger sainement. Le héros est opposé au méchant de l'émission, un personnage accro à la malbouffe. En partenariat avec une chaîne de supermarchés en Islande, des fruits et légumes ont été étiquetés comme « bonbons des sportifs » (comme dans l'émission) et cette action a entraîné la hausse de 22 % des ventes de fruits et légumes.

Chapitre 6

La liberté

La liberté

Laissez-moi vous poser une question : « Êtes-vous satisfait ou non de votre liberté à choisir ce que vous faites de votre vie ? » Ce qui est sûr, c'est qu'avoir la liberté de choisir ce que l'on fait de notre vie, ce sentiment d'être maître de notre destin, est lié au bonheur.

« Aucune personne ne peut être véritablement heureuse si elle n'a pas l'impression de choisir le cours de sa vie », peut-on lire dans le Rapport mondial sur le bonheur 2012. On y lit par ailleurs qu'avoir cette liberté de choix est un des six facteurs qui expliquent que certains sont plus heureux que d'autres.

Au Danemark, il y a la liberté d'expression, de réunion et d'épouser qui vous voulez, à partir du moment où l'autre personne est consentante, bien sûr. Sans cela, Rachel Weisz et moi serions déjà ensemble.

Selon l'Indice de liberté humaine 2015, un rapport annuel qui présente une image de la liberté humaine dans le monde, le Danemark est classé 4e après Hong Kong, la Suisse et la Finlande. Le Royaume-Uni arrive à la 9e place, les États-Unis à la 20e, la Russie est 111e, la Chine 132e, l'Arabie saoudite 141e et, tout en bas du classement, l'Iran, 152e.

« Aucune personne ne peut être véritablement heureuse si elle n'a pas l'impression d'être maître de sa vie. »

Rapport mondial sur le bonheur 2012

L'indice s'intéresse à des droits classiques comme la liberté de circulation, de réunion, d'expression, etc., mais compte plus de 70 facteurs, tels que l'autonomie des organisations religieuses, la liberté de la presse, le traitement des relations homosexuelles, le divorce et l'égalité des droits successoraux.

Toutefois, je pense qu'un facteur surtout est essentiel quand il s'agit de liberté, et que l'Indice de liberté humaine néglige : le temps ; une ressource partagée de façon égale entre tous. Chaque jour, nous avons tous 1 440 minutes, et chaque semaine, 168 heures chacun. Pourtant, nous avons de très différents niveaux de liberté quand il s'agit de la façon dont passer ce temps. Dans ce chapitre, nous étudierons trois facteurs qui ont une influence sur notre liberté ou notre façon de passer le temps – au travail, en famille ou dans les transports – et verrons si nous pouvons tirer certaines leçons de ceux qui sont les plus heureux.

Terre de liberté

« Pour ce qui est de l'amélioration de notre qualité de vie, je pense que déménager à Copenhague a été la meilleure décision que nous ayons prise en tant que famille. »

Kate et son mari Simon ont quitté Londres il y a cinq ans avec leur premier enfant, lorsque Simon s'est vu proposer un emploi au Danemark. Depuis ce jour, la famille a accueilli un quatrième membre. C'était un saut dans l'inconnu : Kate a par la suite trouvé un emploi dans la communication à Copenhague (elle avait abandonné un emploi très bien payé à Londres, pour s'occuper de leur enfant), et ni l'un ni l'autre n'avaient jamais mis les pieds au Danemark avant ce déménagement.

« Nous étions juste fatigués : des longues heures de travail, des longs trajets tous les jours, de nous sentir un peu comme des étrangers quand enfin nous étions ensemble le week-end. Je me couchais tôt et Simon travaillait de très longues heures, certains jours nous ne nous croisions même pas. »

S'il y a une chose que tous les expatriés au Danemark mentionnent, c'est l'équilibre vie professionnelle-vie privée. « Ici, vous avez une approche fondamentalement différente du temps. Vous considérez comme important que les familles aient le temps de manger ensemble, tous les jours. Nous gagnions peut-être plus d'argent à Londres, mais nous avions bien moins de temps. »

Pour de nombreux expatriés, le bouleversement le plus frappant concerne l'équilibre entre vie professionnelle et vie privée. Ils parlent des bureaux danois qui ressemblent à des morgues après 17 heures. Si vous travaillez le week-end, les Danois vous soupçonneront d'être un forcené qui complote sur un projet secret.

« Je pense que la différence principale entre les cultures du travail britannique et danoise, c'est cette valeur sans complexe donnée au temps libre. Vous valorisez le temps passé en famille ou entre amis. Vous quittez le travail à 16 ou 17 heures. Pas besoin d'excuse. La semaine dernière, j'ai quitté mon bureau à 17 heures, je suis rentrée à vélo – je suis devenue une vraie Danoise – et j'étais chez moi vingt minutes plus tard. Simon était allé chercher les filles et il préparait le dîner. »

Le principe en Scandinavie, c'est que puisqu'il faut être deux pour faire un enfant, il faut une responsabilité égale et partagée entre ces deux personnes pour élever cet enfant. « Au travail, les hommes diront que la réunion à 16 heures, ce n'est pas possible : ils doivent aller chercher les enfants. Ça n'arriverait jamais à Londres. »

Et les chiffres confirment l'expérience de Kate. Selon l'OCDE, les Danois jouissent d'un des meilleurs équilibres entre travail et loisirs au monde. Le nombre moyen d'heures travaillées par an s'élève à 1457 au Danemark, contre 1674 au Royaume-Uni, 1790 aux États-Unis, et une moyenne de 1766 pour tous les pays de l'OCDE. Les Danois bénéficient aussi d'un niveau élevé de flexibilité au travail, entre le télétravail et le choix de l'heure à laquelle ils commencent à travailler. Savoir respecter les délais fixés et être ponctuel aux réunions est plus important que l'endroit d'où vous travaillez ou vos horaires. En plus, il y a un minimum de cinq semaines de congés payés par an pour tous les employés.

Équilibre vie professionnelle-vie privée

1. Pays-Bas
2. Danemark
3. France
4. Espagne
5. Belgique
6. Norvège
7. Suède
8. Allemagne
9. Russie
10. Irlande
11. Luxembourg
12. Finlande
13. Hongrie
14. Estonie
15. Italie
16. République tchèque
17. Suisse
18. Slovaquie
19. Slovénie
20. Grèce
21. Canada
22. Autriche
23. Portugal
24. Pologne
25. Lettonie
26. Royaume-Uni
27. Chili
28. Nouvelle-Zélande
29. Brésil
30. États-Unis
31. Australie
32. Afrique du Sud
33. Islande
34. Japon
35. Israël
36. Corée du Sud
37. Mexique
38. Turquie

Source : OCDE, *Indicateur du Vivre Mieux*

Cinquante-deux semaines de congé parental par enfant sont financées par l'État, et peuvent être divisées entre les deux conjoints. Le montant reçu dépend de plusieurs facteurs, y compris votre salaire, et si vous êtes ou non à temps plein. Néanmoins, même si vous êtes au chômage, vous recevrez environ 18 000 couronnes danoises (environ 2 400 euros) par mois, de l'État. Les modes de garde sont également subventionnés, ce qui ramène le coût moyen mensuel par enfant pour les parents à environ 320 euros.

Les différences d'équilibre vie professionnelle-vie privée, les politiques de soutien familial et le niveau de liberté ressenti par les parents sont essentiels quand on étudie le « prix » du bonheur pour chaque parent : le prétendu « écart de bonheur des parents ».

L'écart de bonheur des parents

Il ne fait aucun doute que les enfants sont d'immenses sources de joie et d'amour mais, en même temps, ils génèrent du stress, de la frustration et de l'inquiétude.

Aimer ses enfants et croire qu'ils sont la meilleure chose au monde n'a rien à voir avec une expérience dénuée de stress. Les enfants offrent aux parents un sens à leur vie, mais exigent en retour le sacrifice de la liberté parentale. Alors, comment impactent-ils notre bonheur ? Le proverbe qui dit que les parents ne sont heureux qu'à la mesure du bonheur ressenti par leurs enfants est-il fondé ?

En général, les études sur le bonheur prouvent que les parents sont moins heureux que les non-parents et leur Oh-je-ne-sais-vraiment-pas-quoi-faire-ce-week-end-à-part-aller-à-Starbucks-mater-toute-une-saison-de-*Westworld*-sortir-boire-un-verre-travailler-sur-mon-roman-me-détendre-et-peut-être-aller-au-sport.

On appelle ce phénomène l'écart de bonheur des parents, ou pénalité de bonheur parental, et il est à l'origine de titres de journaux comme « Comment les enfants volent le bonheur des parents » ou « Vous êtes moins heureux quand vous avez un enfant, selon une étude ». Néanmoins, certaines nuances se perdent souvent lorsque de telles informations font les gros titres.

Premièrement, même si les enfants peuvent avoir un impact négatif sur l'une des dimensions du bonheur (comme la satisfaction globale), il a été prouvé qu'en avoir a un effet positif sur une autre dimension du bonheur, la dimension eudémonique, qui s'intéresse au sens de la vie, à la raison d'être.

Deuxièmement, les enfants ont un impact différent sur le bonheur des femmes que sur celui des hommes, car les femmes portent traditionnellement une part plus importante des responsabilités liées à l'éducation des enfants. Selon Luca Stanca, professeur et auteur de « La géographie de la parentalité et du bien-être », la pénalité de bonheur est 65 % plus élevée pour les femmes.

Et troisièmement, les enfants sont tous de taille et d'âge différents. Si votre bébé d'un an qui vous empêche de dormir depuis des mois vous rend malheureux aujourd'hui, dans cinquante ans il sera peut-être source de joie quand vous serez en maison de retraite. Les études montrent aussi que, parmi les veufs et veuves, le fait d'avoir un enfant a un effet positif sur la satisfaction dans la vie. Et il ne faut surtout pas oublier qu'un titre comme « Avoir des enfants rend les gens moins heureux » génère plus de clics que « Les études montrent que les effets des enfants sur le bonheur sont mitigés, selon les dimensions du bonheur mesurées et la complexité de la relation évoluant tout au long de la vie ».

Bonus de satisfaction dans la vie

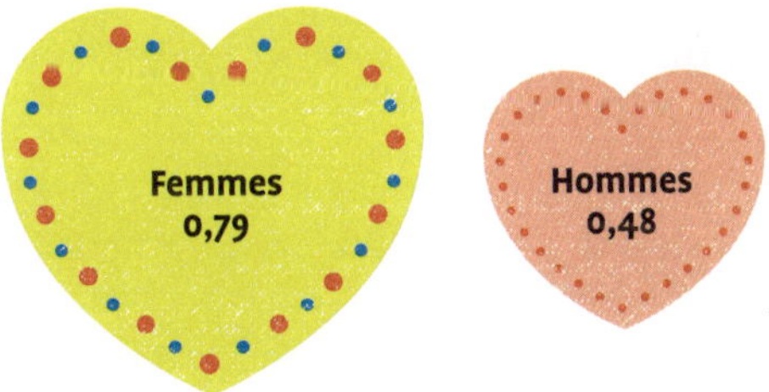

Source : Luca Stanca, « *La géographie de la parentalité et du bien-être : les enfants nous rendent-ils heureux ? Où et pourquoi ?* » dans *le Rapport mondial sur le bonheur – édition spéciale Rome*, 2016.

Une question demeure : pourquoi les parents de jeunes enfants font-ils état d'un niveau de satisfaction dans la vie plus bas que les adultes sans enfants ? Eh bien, ce que nous constatons, c'est que l'écart de bonheur dépend de *l'endroit* où on le mesure. Les parents aux États-Unis sont 12 % moins satisfaits de leur vie que les non-parents. En Grande-Bretagne, l'écart est de 8 %. Au Danemark, de 3 %. Il existe même un léger écart en Suède et en Norvège, qui se situe vers 2 % – mais là-bas, ce sont les parents qui sont plus heureux que les gens sans enfants. Les pays scandinaves sont immanquablement tout en haut des classements favorables aux familles. Toutefois, la Suède fait mieux que le Danemark en matière d'équilibre entre vie professionnelle et vie de famille. Par exemple, les parents suédois ont droit à 60 jours « enfant malade » par an jusqu'aux 12 ans de l'enfant.

Une équipe de chercheurs menée par Jennifer Glass, professeur de sociologie à l'université du Texas, a analysé l'écart de bonheur des parents et le niveau de liberté dont les parents pouvaient jouir dans chaque pays. Parmi les questions posées : Avez-vous les moyens de payer un mode de garde ? Avez-vous des jours « enfant malade » ? Avez-vous des congés payés ? En d'autres termes, les parents bénéficient-ils d'outils et de liberté pour les aider à combiner travail et famille ? Les résultats ont montré que l'écart de bonheur s'expliquait par les différences relatives à ces politiques familiales.

Dans les pays qui proposent les meilleures protections, la pénalité de bonheur parental disparaît. Néanmoins, les parents les plus heureux semblent se trouver au Portugal.

Au Portugal, les grands-parents jouent un rôle de soutien fondamental pour les parents, et s'occupent activement de leurs petits-enfants. Selon une étude détaillée débutée en 2005 et qui suit depuis le fonctionnement usuel de 6 000 enfants et de milliers de parents et grands-parents, les grands-parents portugais jouent un rôle clé dans la vie de tous les jours des familles portugaises et aident à élever les enfants au quotidien.

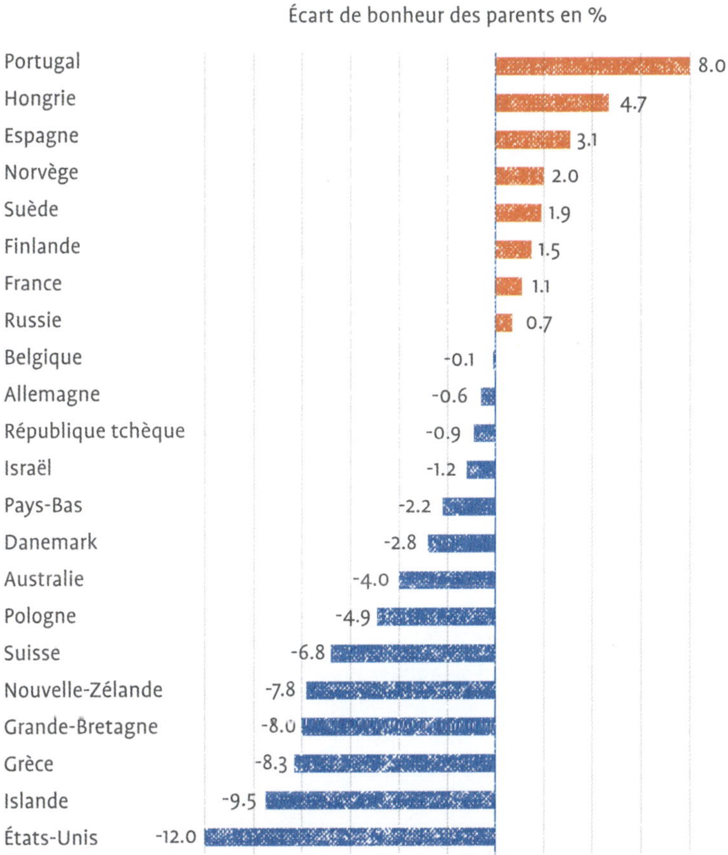

Source : Glass, Simon et Anderson : « *Parentalité et bonheur : effets des politiques de réconciliation travail-famille dans 22 pays de l'OCDE* », 2016

C'est impressionnant : 72 % des parents interrogés ont indiqué que les grands-parents étaient leurs partenaires privilégiés pour l'éducation de leurs enfants, et qu'ils aidaient aux devoirs et aux activités extrascolaires. Quand six adultes au lieu de deux participent activement et endossent la responsabilité d'accompagner les enfants à l'école, de superviser les devoirs, de préparer les repas, d'emmener les enfants au sport ou autres clubs et à prendre en charge d'autres tâches, les parents ont davantage de liberté et de temps libre – et, comme on le voit, un meilleur niveau de bonheur.

Jennifer Glass a expliqué au *New York Times* que tous les pays interrogés avaient mis en place des politiques familiales plus complètes qu'aux États-Unis. Ce problème a été soulevé par John Oliver, comédien britannique et présentateur de l'émission *Last Week Tonight*, qui a mis en avant dans une émission spéciale pour la fête des Mères que les États-Unis et la Guinée sont les deux seuls pays du monde à ne pas avoir de politique de congé rémunéré pour les jeunes mères, et il a ajouté que si l'Amérique aimait vraiment ses mères de famille, elle devrait faire beaucoup plus que de les célébrer un jour par an, et mettre en œuvre une politique qui les aiderait réellement dans leur vie quotidienne.

Jusqu'à ce que les États-Unis s'occupent de ce problème, selon Oliver, le seul message qu'on fait passer aux mères le jour de leur fête, c'est : « Mères – nous vous devons tout. Vous nous avez donné la vie, vous nous avez nourris, vous avez fait de nous ce que nous sommes. Et en ce jour de fête des Mères, nous n'avons qu'une seule chose à dire à toutes les mères autour de nous : retournez au boulot, et que ça saute. »

Projet bonheur

Adoptez des grands-parents

Les relations intergénérationnelles font du bien à tout le monde. Trouvez qui ferait de bons grands-parents de cœur, ou juste un ami plus âgé pour vous.

Dans un monde parfait, nous bénéficierions tous des politiques familiales scandinaves, et nous aurions tous des grands-parents portugais. Nos parents ne sont peut-être plus en vie, ou habitent peut-être trop loin pour pouvoir nous aider avec les enfants. Pour tenter de combler ce manque, plusieurs villes du Danemark ont créé un « Système de grands-parents de cœur », dans lequel des seniors bénévoles se proposent pour devenir grands-parents adoptifs d'une famille choisie. Par exemple, la grand-mère adoptive pourra aider si les enfants sont malades, mais participera aussi aux fêtes et activités. Même si le système existe déjà au Danemark, vous pouvez en inventer un similaire. Une paire de bras en plus, une expérience différente pour les enfants et une source de patience supplémentaire peuvent vraiment être utiles. Un autre avantage, c'est que cela réduit l'isolement des personnes âgées. Aller à la rencontre de vos voisins grâce à une mini-bibliothèque ou un potager partagé peut être un bon premier pas vers une relation de confiance indispensable.

Étude de cas
Louise & Tom

« Un des privilèges de la vie d'auteur, c'est que vous pouvez vous installer où vous voulez dans le monde. Quand j'ai quitté le confort de ma carrière universitaire pour me lancer dans une nouvelle vie à l'étranger, j'ai pris un gros risque. »

« Certaines des meilleures décisions que nous prenons font suite à cette petite voix intérieure qui dit "Pourquoi pas ?", qui dit "*Andiamo*". Une vraie déception naît de ce qui est désiré mais non choisi. » Voilà ce qu'écrivait Frances Mayes, auteur de *Sous le soleil de Toscane*, dans le *Guardian* en 2016. Elle a fait de son histoire personnelle un livre, qui est devenu un succès mondial, puis un film, et qui a transformé des millions de gens partout dans le monde en rêveurs. Deux de ces rêveurs furent Louise et son mari, Tom.

Il y a quelques années, ils ont quitté les États-Unis pour l'Italie. « Nous cherchions tous les deux un emploi de l'autre côté de l'Atlantique, et Tom a eu la chance d'en dégoter un. »

Louise travaille aujourd'hui comme journaliste indépendante, et nous avons discuté au téléphone. Quand j'ai appris son histoire, j'avais autant de questions pour elle qu'elle en avait pour moi. Lorsqu'elle me parlait de sa nouvelle vie en Italie, je pouvais sentir son sourire.

Ils habitent à Florence, capitale de la Toscane, près du fleuve Arno, une ville de 400 000 âmes. Tout à fait aux antipodes de New York. Le rythme de vie, les bruits, les odeurs, les couleurs – tout est complètement différent. Achetez des tomates au marché de San Lorenzo et vous découvrirez des nuances de rouge qui vous étaient inconnues jusque-là.

Louise et Tom sont venus avec leur fille de 5 mois, et ils se sont vite rendu compte que la façon d'élever les enfants était aussi très différente en Italie. Des inconnus chatouillent les pieds de leur fille, et ici on dit aux parents que 20 heures, c'est bien trop tôt pour coucher un bambin. C'est aussi le fait de devenir parents qui les a incités à chercher un emploi de l'autre côté de l'océan.

« Nous avons surtout quitté les États-Unis pour l'Italie parce que, chez nous, le coût du mode de garde est vraiment fou. Ici, nous payons beaucoup moins – et nous sommes en Italie... »

Mais tout n'est pas rose non plus. « Nos amis et notre famille nous manquent, bien sûr, mais nous sommes heureux d'être venus. Nous avons plus de temps libre en famille ici. »

Sortez des sentiers battus : les heureux entrepreneurs

Sur la statue de la Liberté, on peut lire sur une plaque les vers célèbres :

> *« Envoyez-moi vos fatigués, vos pauvres,*
> *Envoyez-moi vos cohortes qui aspirent*
> *à vivre libre. »*

Parler à Louise m'a fait comprendre que les fatigués sont de plus en plus souvent à la recherche d'un nouvel endroit pour vivre libres. Pourtant, quitter son pays natal peut être un peu trop drastique pour vous. Pour certains, changer de supérieur hiérarchique peut être un peu plus facile.

Il y a environ cinq ans, j'ai annoncé à mon père que je quittais mon emploi. J'avais un poste bien payé et stable comme directeur international au sein d'un groupe de réflexion (« *think tank* ») autour de la durabilité.

« Alors, qu'est-ce que tu vas faire à la place ? » m'a-t-il demandé.

« Eh bien, je vais étudier le bonheur. Je veux monter un *think tank* appelé l'Institut de recherche sur le bonheur. »

Il y eut un moment de silence.

« Je trouve que c'est une super idée. »

Certains auraient pu se dire que lancer un *think tank* sur le bonheur n'était pas le changement de carrière le plus pertinent à l'aube d'une récession mondiale, mais je me rappelle que mon père me disait dès le plus jeune âge qu'il ne faut pas s'intéresser aux gains potentiels pour choisir un emploi mais à la satisfaction qu'il est possible d'en tirer. « Tu vas passer une immense partie de ta vie au travail ; il vaut vraiment mieux que ce soit quelque chose qui te plaît. »

> *« Pour choisir un emploi, il ne faut pas s'intéresser aux gains potentiels mais à la satisfaction qu'il est possible d'en tirer. »*
>
> **Wolf Wiking**

Les premières années furent difficiles. Pas d'argent. Pas de temps libre. Je n'avais jamais autant travaillé, gagné si peu... et autant adoré ce que je faisais. Et je ne suis pas le seul à avoir connu cela.

« Je ne suis même pas sûre que nous devrions appeler cela du travail. Nous devrions dire "création". Nous créons quelque chose. Et ce que je crée fait partie de moi. Ça fait partie de mon identité. C'est de là que vient le vrai bonheur. » En plus d'être une entrepreneure sociale danoise dans le domaine de la mode, Veronica est une force de la nature et incarne la joie de vivre. L'été dernier, je l'ai rencontrée, avec son mari et leur fille, après qu'ils ont passé un mois au Pérou à la recherche de la laine d'alpaga parfaite. Quand je lui ai reparlé un an plus tard, la famille était juste de retour d'un mois en Thaïlande à la recherche de la soie parfaite. Cette fois-là, Veronica était enceinte de cinq mois, mais leurs deux voyages avaient un point commun : ils avaient à chaque fois visité une prison. Une prison pour femmes.

« En fait, ma fille n'a pu nous accompagner dans la prison qu'au Pérou, pas en Thaïlande », m'a-t-elle précisé en riant.

Après avoir découvert que la plupart des femmes emprisonnées dans les pays en développement l'étaient suite à des crimes liés à la pauvreté, Veronica a mis en place à Copenhague le label de mode Carcel,

qui permet aux femmes en prison de transformer leur temps perdu en compétences et en emploi rémunéré afin de pouvoir subvenir à leurs besoins, envoyer leurs enfants à l'école et économiser pour un nouveau départ sans souci judiciaire, afin, au bout du compte, de briser le cycle de la pauvreté et du crime. Chaque produit est étiqueté du nom de celle qui l'a fabriqué dans une prison pour femmes qui rémunère convenablement les travailleuses et les aide ainsi à subvenir à leurs besoins et à ceux de leurs enfants.

Créer une entreprise à partir de rien est vraiment difficile. « Je suis pauvre, mais heureuse. Eh oui, je travaille beaucoup plus que si j'avais un emploi normal. Mais je n'échangerais cela pour rien au monde. Ce qui change le plus, c'est que vous êtes ce que vous faites. Je ne suis pas une mère, puis une directrice, puis une petite copine, puis une amie. Je suis Veronica. Tout le temps. Et c'est ce qui me rend si heureuse. »

Et Veronica n'est pas un cas isolé. Le Rapport mondial sur le bonheur indique que si les indépendants se portent moins bien selon nombre de critères, comprenant le revenu, le nombre d'heures travaillées et la sécurité de l'emploi, ils font en général état de niveau de satisfaction globale dans leur travail plus élevé que les salariés ; du moins dans les pays de l'OCDE.

Pourquoi les entrepreneurs sont-ils plus heureux que les salariés dans les pays de l'OCDE, mais pas dans les pays plus pauvres ? La réponse réside dans la raison derrière le choix de devenir entrepreneur. Avons-nous lancé notre entreprise parce que nous le voulions, ou parce qu'il n'y avait pas d'opportunités sur le marché du travail classique ?

Alors oui, les indépendants font souvent plus d'heures que les salariés. Et oui, peut-être que nous avons aussi besoin de squatter les canapés de nos amis quand le budget est serré. Mais nous sommes aussi plus heureux. Ou du moins c'est ce que les études prouvent. Les indépendants jouissent non seulement d'un niveau de satisfaction au travail plus élevé, mais leur niveau de satisfaction générale dans la vie est plus haut.

Une autre raison qui explique cela : nous sommes un groupe assez bizarre. Nous sommes plus optimistes que les autres. L'un d'entre nous a monté une entreprise qui vend des paniers pour chiens Sérénité. Toutefois, il apparaît aussi que les gens qui passent d'un statut d'employé classique à celui d'indépendant montrent des niveaux de satisfaction dans la vie plus élevés. Pourquoi ?

Les entrepreneurs ont une plus grande détermination, une plus grande résolution dans la vie, mais les études confirment aussi l'idée largement répandue que plus de liberté et la possibilité d'être son propre patron sont sources de bonheur à la fois au travail et en dehors du travail.

Les entrepreneurs n'ont que rarement assez de temps de libre, mais ils sont beaucoup plus libres : la liberté de suivre leur passion, de dire non à un client, de planifier leur travail selon les besoins de leur famille.

« Je décide où je suis, quand j'y suis. C'est difficile de se concentrer sur sa carrière quand on a des enfants en bas âge, mais être entrepreneur permet aussi de modeler sa vie quotidienne de manière tout à fait différente. Autour des besoins de mes enfants », explique Veronica. « Si je sens que ma fille est triste un matin, eh bien j'arriverai juste une heure plus tard au travail, et je lui lirai une autre histoire. Je n'ai pas de chef pour me dire que je ne peux pas être avec ma fille à ce moment-là. En plus, elle vit cette aventure avec nous, cela fera partie de son histoire personnelle aussi. Nous créons ensemble une histoire commune. »

Néanmoins, si beaucoup désirent la liberté dont jouissent les indépendants, peu acceptent le risque de ce statut. Il est donc utile de trouver des moyens de profiter d'une plus grande autonomie et de plus de liberté tout en étant salarié.

Cinq moyens de vous libérer du temps

Cuisiner plus que nécessaire

Le week-end, cuisinez des portions plus importantes que nécessaire, et congelez les restes afin d'avoir des plats tout préparés les autres jours.

Utiliser les interstices

Faites bon usage du temps passé à attendre tout au long de la journée – deux minutes par-ci, cinq par-là. Trouvez le moyen de rendre utiles ces « restes » de temps. Décidez par avance ce que vous en ferez. Je passe ces temps morts sur Duolingo pour améliorer mon espagnol – et puisque vous commencez à réfléchir à un déménagement en Italie, pourquoi ne pas apprendre quelques nouveaux mots d'italien ? *Va bene?*

Deux en un

Au lieu de choisir entre, par exemple, voir des gens et faire une activité physique, pourquoi ne pas associer les deux ? Allez courir avec un pote, jouez au frisbee, faites de la randonnée dans les bois.

Se ligoter au mât

Dans *L'Odyssée*, Ulysse demande qu'on l'attache au mât, pour ne pas céder à la tentation des sirènes. Aujourd'hui, nous avons besoin de trouver un moyen de se libérer des voleurs de temps comme Facebook. La plupart des gens aimeraient passer moins de temps à naviguer sur Internet ou sur Facebook, et des applications comme Freedom peuvent vous y aider, en vous coupant d'Internet jusqu'à huit heures de suite.

Appliquer la loi de Parkinson

Moins vous aurez de temps, plus vous serez efficace. Si vos beaux-parents vous appellent pour vous dire qu'ils seront là dans quinze minutes, aucun doute que vous arriverez à ranger la maison avec beaucoup d'efficacité. Selon Cyril Northcote Parkinson, historien et auteur britannique, « le travail se dilate jusqu'à remplir tout le temps disponible à sa réalisation ». En d'autres termes, planifiez un début de tâche, et posez un délai limite pour l'achever.

E-mails, réunions et managers

Imaginez que vous ayez une journée complète absolument seul au travail. Pas de réunions. Vous ne vous retrouverez pas coincé en salle de conférences avec huit collègues, pour en écouter deux débattre de la meilleure solution à tel ou tel problème.

Votre chef ne vous appellera pas pour savoir où en est ce projet informatique, et aucun e-mail avec en objet « URGENT » ne surgira dans votre boîte. C'est un joli rêve, non ? Imaginez tout ce que vous pourriez faire avec ce niveau de liberté. Imaginez la quantité de travail que vous pourriez abattre un jour comme ça. Du travail en profondeur, et qui requiert toute votre attention et votre concentration. Du travail que vous avez choisi et que vous aimez faire.

En gros, il y a trois choses qui vous volent votre liberté au travail : les réunions, les managers et les e-mails. Nombre d'entre nous tentent de faire rentrer dans des trous de dix ou vingt minutes, entre deux réunions, des tâches qui nécessitent de la concentration et de longues périodes sans interruption pour être effectuées correctement. Selon Jason Fried, entrepreneur en série et auteur de *Remote : Office Not Required*[1], les réunions et les managers sapent notre productivité. En résumé, les réunions, ce sont des salariés qui parlent du travail qu'ils ont fait ou du travail qu'ils vont faire, et les managers sont des personnes dont le travail consiste à interrompre les autres. Les deux annihilent notre productivité.

1. « À distance : bureau non nécessaire », non traduit en français à ce jour. *(N.d.l.T.)*

Pour résoudre ce problème, Fried suggère de mettre en place, au lieu des « Vendredis décontractés », des « Jeudis sans parler ». Choisissez un jeudi, par exemple, le premier ou le dernier de chaque mois, et instaurez une règle : personne au bureau n'a le droit de se parler ce jour-là. Pas d'interruptions. Juste du silence. Là vous pouvez enfin avancer sur votre travail.

Nous avons tenté l'expérience à l'Institut de recherche sur le bonheur. Pour nous, une journée entière sans se parler, ou même un après-midi, c'était impossible, alors nous avons modifié la règle et créé des « zones créatives » quotidiennes. Deux heures entières ininterrompues pour travailler sur des tâches qui exigent toute sa concentration.

J'ai appris par la suite qu'Intel avait expérimenté un système similaire de panneau « Ne pas déranger » sur la porte : le temps calme du mardi matin. Sur deux de leurs sites américains, trois cents ingénieurs et managers se sont mis d'accord pour réduire au minimum les interruptions, les mardis matin. Aucune réunion de prévue, les appels téléphoniques renvoyés sur messageries. L'objectif était d'assurer quatre heures de « temps de réflexion » et d'en mesurer les conséquences. Le test a duré sept mois, et 71 % des participants ont recommandé de l'étendre à d'autres services. Intel a conclu que l'essai avait été « un succès en termes d'augmentation de la productivité des salariés, d'efficacité et de qualité de vie pour nombre de collaborateurs à divers postes de l'entreprise ». Jouir de temps sans interruption était utile et productif, mais il est possible que votre lieu de travail ait besoin d'adapter ce système.

Pour certains, ces concepts sont identiques au télétravail. Pas de réunions, pas d'interruptions. Au Danemark, nous avons un haut niveau d'autonomie et de flexibilité au travail, et les gens ont souvent le droit de délocaliser une partie de leur charge à la maison. C'est une des raisons qui expliquent que 94 % des Danois se disent heureux de leurs conditions de travail, du moins selon l'Eurobaromètre standard, qui mesure l'opinion publique pour la Commission européenne depuis 1973.

Néanmoins, je pense que la preuve la plus évidente de ce bonheur est que 58 % des Danois (selon YouGov) affirment qu'ils continueraient de travailler même s'ils n'en avaient plus le besoin financier – par exemple, s'ils gagnaient 10 millions de couronnes au loto. Le travail peut être, et devrait être, une source de bonheur. Une conception et un fonctionnement adaptés de notre lieu de travail peuvent nous permettre de tendre vers ce bonheur. Un des aspects de ce fonctionnement adapté est d'offrir aux travailleurs un élément de liberté : du temps libre de toute interruption. Cela peut aussi se traduire par du télétravail – et ne pas venir du tout au bureau.

Projet bonheur

Les initiatives « ne pas déranger »

Testez des initiatives, comme le temps calme du mardi matin, qui pourraient améliorer votre sentiment de liberté au travail.

Lancez une conversation au bureau sur la façon dont la flexibilité et l'autonomie peuvent améliorer la satisfaction et la productivité des salariés.

Vous pourriez mettre en place avec votre supérieur des idées comme le temps calme du mardi matin – délimiter deux ou trois heures chaque mardi matin pendant lesquelles aucune réunion n'a lieu, aucun coup de fil passé, aucun e-mail envoyé ? Essayez de les convaincre de faire un essai pendant un mois ou deux, puis de mesurer les résultats en termes de satisfaction et de productivité des salariés.

Vous pourriez aussi suggérer les Mercredis télétravail : si un salarié économise deux heures dans la journée en évitant les trajets en voiture, il pourrait bien faire une heure supplémentaire pour l'entreprise – tout en gagnant quand même une heure de temps libre.

Attention à la marche

Je propose l'instauration d'un nouveau cours obligatoire pour tous les étudiants à l'université. Ils seraient tous enfermés dans le plus petit placard possible et devraient rester ainsi pendant quarante-cinq minutes sans jamais se regarder dans les yeux.

Si leurs regards se croisent, ils ont échoué. Puis ils doivent tous rentrer dans un placard encore plus petit, dans lequel ils ne peuvent pas tous tenir. S'ils n'arrivent pas à y entrer, ils échouent. J'appellerai ce cours « Trajets – niveau débutants ».

Je ne suis pas sûr du temps de trajet domicile-travail de Jean-Paul Sartre, mais c'est sans doute à cette occasion que lui est venue la phrase « L'enfer, c'est les autres ». D'accord, certains usagers parviennent à profiter de leurs trajets : ils lisent, écoutent de la musique ou digèrent simplement leur journée. Néanmoins, pour beaucoup, les trajets pour aller ou revenir du travail sont une plaie, et nous en sortons frustrés car nous avons l'impression de n'avoir aucun contrôle dessus. Nous sommes coincés dans le bus, le train ou la voiture.

L'idée selon laquelle la voiture est le symbole ultime de la liberté est typiquement américaine, mais les publicités pour les voitures partout dans le monde promettent des balades sur des routes sinueuses le long de la côte, au milieu de la nature, sans aucun autre véhicule à l'horizon. En réalité, nous avons bien plus de chances d'être coincés dans un embouteillage et d'avancer centimètre par centimètre à l'heure de pointe, au milieu d'une symphonie de klaxons tout en colère et frustration. La voiture est devenue un boulet – et elle semble nous éloigner toujours un peu plus du bonheur.

Et pour couronner le tout, pour la plupart des gens les trajets domicile-travail et retour sont le pire moment de la journée. Du moins, c'est ce que suggèrent certaines études, dans lesquelles les participants ont dû noter leurs différentes activités. Daniel Kahneman, un psychologue qui a gagné le prix Nobel, a mené une étude en suivant la Méthode du Rapport Quotidien, dans laquelle les personnes interrogées détaillent tout ce qu'elles ont fait la veille – ce qu'elles ont fait et à quelle heure, avec qui elles étaient, et comment elles se sentaient durant chaque activité. Résultat : 909 femmes américaines ont donné leur pire note de la journée aux trajets pour aller au travail. Puis le travail en lui-même, et le trajet retour à la maison.

Malheureusement, nous passons une partie considérable de nos vies en transit entre notre domicile et notre travail. Il y a bien sûr beaucoup de variations. Selon une étude de l'OCDE, les habitants d'Afrique du Sud et de Corée du Sud passent en moyenne deux fois plus de temps dans les transports que les habitants d'Irlande ou du Danemark. Toutefois, les temps de trajet les plus longs se trouveraient à Bangkok, où les gens passent en moyenne deux heures par jour pour aller et revenir du travail.

Les variations se vivent au sein même des pays. Au Royaume-Uni, les gens qui travaillent à Londres subissent le trajet moyen le plus long (74 minutes), et près de 2 millions de Britanniques voyageraient trois heures ou plus par jour pour le travail.

Temps passé dans les transports (en minutes)

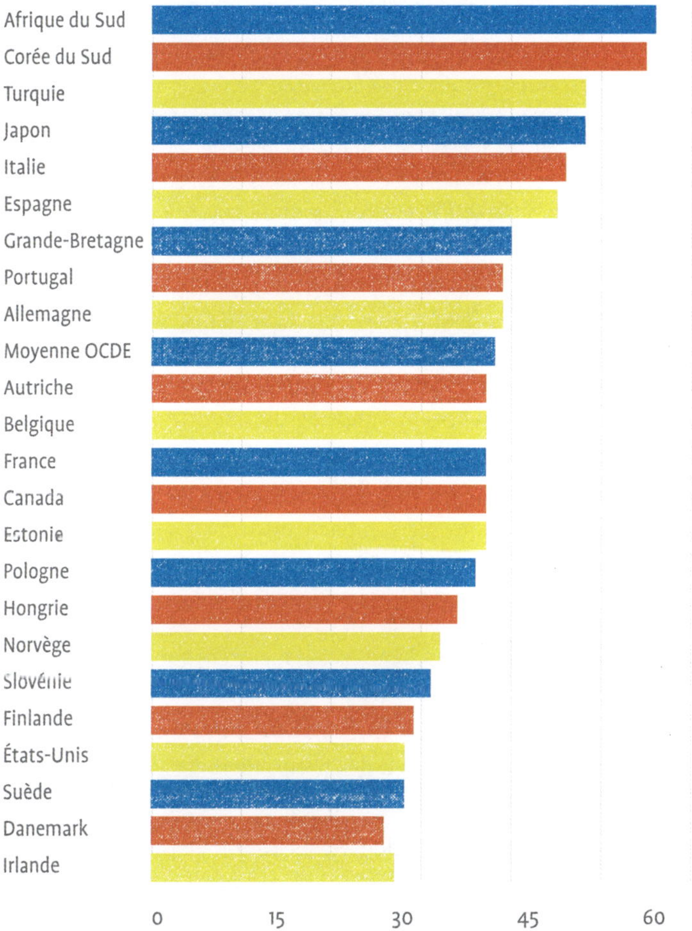

Source : OCDE, « *Comment va la vie ? Mesurer le bien-être : temps de transport* », 2011

À une époque où de plus en plus de gens trouvent difficile de jongler entre vie professionnelle et vie privée, et de tout faire rentrer dans des journées de 24 heures, rien de bien étonnant à ce que, selon le Bureau national des statistiques, le niveau de bonheur tende à diminuer à chaque kilomètre supplémentaire parcouru pour aller travailler.

En prenant comme groupe de référence les gens qui ont un temps de trajet pour aller au travail compris entre 1 et 15 minutes, il est flagrant que tous les autres – ceux qui prennent plus de temps pour arriver au travail – se sentent moins heureux, alors que ceux qui travaillent depuis leur domicile (ou vivent tout près de leur lieu de travail) sont plus heureux.

Le même schéma est observable avec la question de l'anxiété. Les gens qui travaillent depuis chez eux sont moins anxieux que les autres. Néanmoins, il est intéressant de remarquer que les gens qui font plus de 3 heures de transport pour le travail ne sont pas plus anxieux que ceux qui ont un temps de transport compris entre 1 et 15 minutes.

Nous ne comprenons pas complètement pourquoi les effets négatifs du temps de transport semblent disparaître au-delà du seuil des 3 heures. Peut-être que ce groupe peut davantage profiter de ce temps en lisant ou en travaillant, et peut-être ces personnes ont-elles fait le choix conscient de travailler à Londres et de vivre à la campagne, et qu'alors les bénéfices de leur environnement de vie compensent les effets négatifs du trajet.

L'étude de différents facteurs de bien-être montre que les pires effets des transports sont associés à des temps de trajet entre une heure et une heure et demie.

Jessica était dans cette situation. Après avoir obtenu un poste dans la publicité à San Francisco, elle s'est retrouvée à faire 90 kilomètres par jour. Pendant les heures de pointe, le temps de trajet quotidien pouvait prendre jusqu'à quatre heures. Mais elle gagnait bien sa vie et ce salaire plus élevé l'aidait à financer ses traitements pour la fertilité, très onéreux.

Mais au bout du compte, de tels trajets après de longues journées de travail eurent des conséquences sur la santé de cette femme de 35 ans. Elle développa des problèmes d'estomac liés au stress, tomba en dépression et souffrit de nerfs bloqués en bas du dos, à cause de la position assise en voiture.

Neuf mois plus tard, elle avait quitté son emploi pour devenir son propre patron, en tant que photographe et designer indépendante. Elle gagnait moins bien sa vie – mais pouvait travailler de chez elle. Quand la BBC a partagé son histoire en juillet 2016, elle était enceinte de six mois.

La liberté

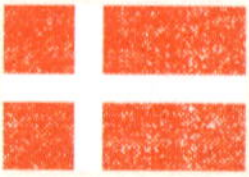

Équilibre vie professionnelle-vie personnelle

Danemark : les Danois jouissent d'un des meilleurs équilibres de vie au monde entre travail et loisirs. Une semaine typique de travail compte 37 heures. Les Danois profitent aussi d'un très haut niveau de flexibilité au travail, et peuvent par exemple souvent travailler depuis chez eux ou choisir l'heure de début de leur journée. Apprenez-en plus p. 166.

Revenu universel

Finlande : en 2017, dans le cadre d'une expérience lancée pour deux ans, 2 000 citoyens se voient attribuer un revenu de base de 560 euros par mois, indépendamment de leur revenu et de leur richesse, qu'ils travaillent ou non. Les Finlandais espèrent ainsi réduire les tracasseries administratives et la pauvreté, et stimuler l'emploi.

Semaine de 34 heures

Suède : plusieurs employeurs du public et du privé expérimentent actuellement des journées et semaines de travail plus courtes. L'une de ces entreprises, Brath, spécialisée en référencement (SEO), déclare : « Aujourd'hui, nous faisons plus en six heures de travail que des entreprises comparables en huit. Nous pensons que cette réduction du temps de travail relance le haut niveau de créativité exigé dans ce domaine. Nous croyons que personne ne peut être créatif et productif pendant huit heures d'affilée. Six heures, c'est plus raisonnable, même si nous aussi, bien sûr, nous jetons un coup d'œil à Facebook ou aux nouvelles de temps en temps. »

Rien de mieux que le nomadisme

Budapest, Hongrie : maintenant que le travail n'a pas forcément besoin d'être effectué dans un bureau, et grâce à l'amélioration des connexions Internet, de plus en plus d'indépendants et entrepreneurs voient plus loin et travaillent depuis l'étranger.

Budapest, Bangkok et Berlin sont en tête des destinations préférées des nomades digitaux. Un mois de loyer pour un appartement avec une chambre dans le centre-ville de Budapest coûte environ 500 dollars – et une tasse de café, seulement 1,25 dollar.

Habitez près de votre travail

Maryland, États-Unis : le programme « Habitez près de votre travail » offre jusqu'à 3 000 dollars de récompense pour l'achat, l'acompte ou les frais directs liés à un nouveau logement pour les personnes qui déménagent à moins de 8 kilomètres de leur lieu de travail. Les participants passent ainsi moins de temps dans les transports et un très grand nombre d'entre eux ont modifié leur mode de transport, passant de la voiture à la marche.

Pas d'e-mails après le travail

Allemagne : en 2011, Volkswagen a décidé d'éteindre les serveurs de gestion des e-mails des Blackberry pour une portion de ses employés en dehors de leur temps de travail. Les employés peuvent toujours utiliser leur smartphone pour passer des appels, mais les serveurs cessent d'envoyer ou recevoir des e-mails 30 minutes après l'heure de fin de travail, et ne se remettent en route que 30 minutes avant qu'ils reprennent leur poste. (Cette initiative ne s'appliquait pas aux cadres supérieurs.)

Chapitre 7

La confiance

En toute confiance

Un soir de 1997, Anette est sortie au restaurant à New York. Le restaurant possédait une zone extérieure délimitée par une chaîne, et Anette a laissé sa fille dormir là dans son berceau, la surveillant par la fenêtre.

Peu après, Anette a pourtant été arrêtée et menottée, et a échappé de peu à la prison pour négligence. Pour sa défense : elle a juste fait ce que la plupart des parents font au Danemark.

Venez à Copenhague, vous remarquerez peut-être les enfants qui dorment dans leur poussette dans l'espace public. Allez à la campagne, et vous verrez des étals de légumes le long de la route, sans surveillance. Vous prenez ce que vous voulez et vous glissez l'argent dans la boîte.

La confiance n'est pas seulement quelque chose qu'on voit, mais qu'on vous montre. Un après-midi, je suis allé récupérer mon vélo chez le réparateur mais, distrait comme toujours, j'avais laissé mon portefeuille à la maison. « Pas de souci. Prenez votre vélo et rapportez-moi l'argent demain », m'a dit le réparateur. Le même jour, je devais lire et signer un contrat de six pages pour rédiger un édito d'une page pour un organe de presse américain. Le réparateur de vélo a embelli ma journée (et assuré ma fidélité à ses services à l'avenir). Les contrats pour de simples transactions ne font qu'embellir les journées des avocats.

Dans un article sur le bonheur au Danemark paru dans le magazine *Forbes*, Erika Andersen raconte avoir vécu une expérience similaire lors d'un voyage chez nous afin de découvrir pourquoi le pays est toujours si bien classé en termes de bonheur. Au cours de son séjour, elle est allée faire du cheval et a voulu emprunter un cheval. Le haras n'acceptait pas les cartes de crédit, mais le propriétaire a dit à Erika qu'elle pouvait monter le cheval maintenant, et revenir payer plus tard en liquide.

Après ça, Erika a très vite conclu que les Danois étaient heureux grâce au très haut niveau de confiance dans leur société. Et Erika a mis le doigt sur quelque chose, car la confiance est un des six facteurs qui expliquent que certains pays sont plus heureux que d'autres. Selon le Rapport mondial sur le bonheur 2015, « Une société qui réussit, c'est une société dans laquelle les gens se font beaucoup confiance – entre membres d'une même famille, collègues, amis, inconnus et institutions, comme le gouvernement. La confiance sociale stimule un sentiment de satisfaction dans la vie. »

Les personnes qui font confiance aux autres sont plus heureuses, et la confiance rend la vie plus facile. Au Danemark, vos supérieurs hiérarchiques ne sont pas sur votre dos en continu, mais vous feront simplement confiance pour que les tâches soient accomplies dans le délai convenu, à moins que vous ne les préveniez d'un contretemps – et bien sûr vous travaillez vraiment quand vous télétravaillez de chez vous.

Le directeur se fait appeler par son prénom, comme n'importe qui, et tout le monde déjeune ensemble à la même table, en discutant ouvertement de sujets à la fois privés et professionnels. Le succès se base sur la collaboration et le travail d'équipe, et pas sur une volonté personnelle d'être le meilleur.

Cet esprit de coopération, d'égalité et de confiance au travail au Danemark n'est pas dû au hasard. Comme nous le verrons, les compétences sociales, la coopération, l'empathie et la confiance font partie des programmes des écoles danoises, et des valeurs que tous les Danois sont encouragés à suivre tout au long de leur vie.

Pourcentage de personnes exprimant un haut niveau de confiance envers les autres

Danemark : **89 %**
Norvège : **88 %**
Finlande : **86 %**
Suède : **84 %**
Pays-Bas: **80 %**
Suisse : **74 %**
Estonie : **72 %**
Israël : **71 %**
Nouvelle-Zélande : **69 %**
Royaume-Uni : **69 %**
Belgique : **69 %**
Australie : **64 %**
Espagne : **62 %**
Autriche : **62 %**
Allemagne : **61 %**
Japon : **61 %**
Moyenne OCDE : **59 %**
France : **56 %**
Irlande : **56 %**
République tchèque : **56 %**
Slovénie : **53 %**
États-Unis : **49 %**
Pologne : **47 %**
Slovaquie : **47 %**
Hongrie : **47 %**
Corée du Sud : **46 %**
Grèce : **40 %**
Portugal : **38 %**
Mexique : **26 %**
Turquie : **24 %**
Chili: **13 %**

Source : *Panorama de la société – Les indicateurs sociaux de l'OCDE*

Projet bonheur

Encouragez les éloges entre collègues pour améliorer la confiance

L'employé de la semaine est celui qui a su faire briller ses collègues ou raconté les réussites d'autres collaborateurs.

L'employé de la semaine n'est pas une nouveauté, mais ce modèle-ci est un peu différent, car les lauriers ne sont pas offerts à l'employé qui a le mieux travaillé, mais à celui qui a fait l'éloge des autres. Si Jørgen a fait du très bon boulot et que Sigrid en a fait part à leur chef, alors Sigrid sera couronnée.

Il y a quelques années, ce modèle était utilisé dans le service de soins intensifs neurologiques du plus grand hôpital de Copenhague, qui avait du mal à prendre en charge un très grand nombre de malades chaque jour. L'ambiance générale était caractérisée par de la méfiance, la satisfaction du travail était faible et le personnel changeait souvent. Alors, le service s'est mis à offrir un bouquet de fleurs à l'employé de la semaine, dans le cadre d'un programme plus large visant à utiliser l'éloge comme outil de motivation. Grâce à cette stratégie, les arrêts maladie du personnel ont été réduits de près de 75 %.

L'expérience du portefeuille perdu

> *« En général, pensez-vous que les gens soient dignes de confiance, ou, au contraire, qu'on n'est jamais trop prudent quand on a affaire à d'autres personnes ? »*

Cette question a été posée dans de nombreuses études, pendant de nombreuses années, dans de nombreux pays. Que répondriez-vous ? Faites-vous confiance aux autres ? Leur feriez-vous confiance pour vous rapporter votre portefeuille s'ils le trouvaient dans la rue, avec votre argent toujours à l'intérieur ? Parfois, en matière de confiance, nous n'accordons pas aux autres la reconnaissance qu'ils méritent.

L'Enquête sociale générale du Canada a découvert que les habitants de Toronto pensent que leurs chances de voir leur portefeuille encore plein rapporté par un inconnu sont inférieures à 25 %. Pourtant, quand vingt portefeuilles sont « perdus » dans différents endroits de la ville, 80 % d'entre eux sont rendus à leur propriétaire.

L'expérience du portefeuille perdu – une mesure de la fiabilité – a été menée pour la première fois en 1996 par le *Reader's Digest* en Europe. Des portefeuilles, tous contenant du liquide, un nom et une adresse, ont été abandonnés dans des rues de vingt villes de quatorze pays européens et une douzaine de villes des États-Unis. Dans deux pays, tous les portefeuilles ont été rapportés avec l'argent toujours à l'intérieur : la Norvège et le Danemark.

En 2013, le *Reader's Digest* a refait la même expérience. Cette fois-ci, les chercheurs ont « laissé tomber » douze portefeuilles dans seize villes. Chaque portefeuille contenait un nom, un numéro de téléphone portable, une photo de famille, des bons de réduction, des cartes de visite et l'équivalent de 40 euros en devise nationale. À votre avis, combien de portefeuilles ont été rapportés avec l'argent toujours à l'intérieur ?

Nombre de portefeuilles rapportés (sur 12)

En tout, 192 portefeuilles ont été abandonnés, et 90 rapportés.

À Rio, Delma, âgée de 73 ans, a rapporté un portefeuille à son propriétaire. Quand elle était adolescente, elle avait volé un magazine et sa mère, qui l'avait découvert, lui avait dit que ce genre de comportement était inacceptable. La leçon l'avait marquée. À Londres, un des cinq portefeuilles rendus a été rapporté par Ursula, une trentenaire originaire de Pologne. « Si vous trouvez de l'argent, il ne faut pas présumer qu'il appartienne à quelqu'un de riche. Ça pourrait très bien être les toutes dernières économies d'une mère qui doit nourrir sa famille », a-t-elle raconté. À Ljubljana, Manca, une étudiante de 21 ans, a rapporté le portefeuille avec l'argent à l'intérieur. « Une fois, j'ai perdu un sac entier », a-t-elle raconté aux chercheurs, « mais j'ai tout récupéré. Je sais ce que ça fait ».

Ursula et Manca ont de toute évidence un fort sens de l'empathie. Elles se sont mises à la place des personnes ayant perdu leur portefeuille. À mon avis, il y a un lien entre empathie, coopération et confiance. Si nous avons beaucoup d'empathie, nous sommes plus enclins à la coopération qu'à la compétition, ainsi qu'à nous faire mutuellement confiance.

C'est pourquoi, si nous choisissons l'empathie à la place de l'égoïsme, nous nous en porterons tous beaucoup mieux. Si cela se transforme en fiabilité, nous nous en porterons tous beaucoup mieux. Si nous comprenons la valeur supérieure de la coopération sur la compétition, nous nous en porterons beaucoup mieux. Dans une société qui s'appuie sur l'empathie, la coopération et la confiance, nous nous porterons tous beaucoup mieux – et nous serons plus heureux.

Alors, commençons par être fiables, en tenant nos promesses et en gardant les secrets que les gens nous ont confiés. La loyauté envers les absents prouve notre loyauté à ceux qui sont présents. Être digne de confiance est un atout précieux, que ce soit pour notre propre vie ou celle des gens qui comptent pour nous.

C'est peut-être Mark Twain qui l'a dit le mieux :

> *« Si vous dites la vérité, vous n'avez à vous souvenir de rien. »*

Et la vie est alors plus facile, plus détendue et plus heureuse. Et si ça ne suffisait pas, avoir de l'empathie nous aide aussi à long terme sur le plan financier. L'étude publiée dans l'*American Journal of Public Health* en 2015, intitulée : « Fonctionnement socio-émotionnel précoce et santé publique : la relation entre les compétences sociales en maternelle et bien-être futur », a suivi des centaines d'enfants depuis leurs années à l'école maternelle et pendant près de deux décennies. Les chercheurs ont découvert des associations statistiquement significatives entre les compétences sociales et affectives des enfants manifestées en maternelle et leur vie d'adulte en termes d'éducation, d'emploi, d'usage de drogues, de santé mentale et de crime.

Faire pousser le bonheur

> *« Les maths et le danois sont des matières importantes, mais les compétences sociales des enfants aussi – eh oui, leur bonheur également. »*

Louise est enseignante et, comme la plupart des enseignants danois, tout aussi intéressée par le bien-être général de ses élèves et leur développement social et affectif, que par leurs résultats scolaires.

Jusqu'à une date récente, le cours le plus apprécié des enfants était le « *klassens time* » – « l'heure de la classe ». C'était un temps hebdomadaire pendant lequel l'enseignant et les enfants discutaient de différentes questions. Les enfants apportaient chacun leur tour des gâteaux ou des bonbons à partager pendant le *klassens time*. Les sujets abordés pouvaient inclure : Des enfants se sont-ils fait embêter cette semaine ? Quel jeu de société devrions-nous acheter pour la classe maintenant que nous avons assez économisé ? Est-ce que quelqu'un se sent exclu ? À mon sens, l'une des plus grosses erreurs politiques faites au Danemark ces dernières années a été cette réforme scolaire qui a modifié l'heure de la classe. D'un temps dédié chaque semaine, l'heure de la classe a été « intégrée » – un terme politicien pour dire « abolie » – à d'autres matières.

Mais le système scolaire danois a toujours comme priorité l'enseignement de l'empathie, et les enfants travaillent souvent par groupes – une compétence à acquérir pour leur emploi futur, mais qui leur apprend aussi des compétences sociales et la valeur de la coopération.

« Nous nous intéressons au développement cohérent de l'enfant – scolairement, socialement et affectivement. Les maths et les sciences sont importants, mais tout comme l'empathie, apprendre à être un bon ami et savoir comment travailler avec les autres », explique Louise.

« On montre aux enfants des images de visages avec différentes expressions, et nous parlons de toutes les émotions que ces personnes peuvent ressentir et pourquoi elles se sentent comme ça. C'est aussi utile quand nous lisons des histoires. Je trouve qu'une bonne fiction permet aux enfants de rentrer dans la tête des personnages, de se mettre à la place de quelqu'un d'autre. Je pense que les bons livres sont utiles, les enfants développent leur empathie. »

L'opinion de Louise est appuyée par les recherches de la Nouvelle École de recherche sociale à New York. Les résultats de cinq expériences impliquant plus de mille participants ont montré que lire des fictions littéraires améliorait notre capacité à détecter et comprendre les émotions d'autrui.

Les chercheurs ont fait la distinction entre « fiction populaire » (dans laquelle l'auteur mène le lecteur par la main) et la « fiction littéraire » (dans laquelle le lecteur doit tracer son chemin et remplir lui-même les trous). Au lieu de se voir expliquer pourquoi un certain personnage se comporte de telle manière, le lecteur doit le comprendre par lui-même. Ainsi, le livre devient une expérience sociale.

Des preuves viennent également soutenir l'idée qu'enseigner l'empathie réduit le harcèlement. En 2015, une étude demandait combien de garçons entre 11 et 15 ans avaient été harcelés lors du mois précédent, et 6 % d'entre eux ont répondu positivement. Au Royaume-Uni, 50 % de garçons de plus ont été harcelés (9 %), et près de deux fois plus aux États-Unis (avec 11 %). L'Autriche est en haut du classement (21 % ont été harcelés) et la Suède tout en bas (4 %), selon un rapport de l'OCDE.

Heureusement, les Danois n'ont pas le monopole de l'enseignement de l'empathie. Il y a peu, un groupe d'élèves de 6e a appris à

aller au-delà des divergences politiques après l'élection américaine. La Millennium School, une école indépendante et progressiste du centre de San Francisco, a vu ses étudiants exprimer haut et fort leur désaccord et leur incrédulité le 9 novembre 2016, devant un reportage qui donnait la parole aux électeurs de Trump. Mais lorsque les professeurs leur ont montré de nouveau le reportage, sans le son, les élèves ont pu remarquer la peur, la colère et le chagrin sur les visages des sympathisants, et ont réagi avec empathie à leurs semblables ; ainsi, ils ont eu un nouveau point de départ pour comprendre pourquoi les électeurs avaient voté ainsi.

Le système éducatif danois est loin d'être parfait, mais je pense qu'on peut apprendre plusieurs choses. Se concentrer sur l'empathie et la coopération est une chose, mais comprendre que le succès n'est pas un jeu à somme nulle est tout aussi important. Ce n'est pas parce que tu gagnes, que moi je perds.

Les systèmes éducatifs qui classent leurs élèves leur apprennent que le succès est un jeu à somme nulle. Si vous réussissez, votre réussite mine les chances d'un autre élève. Le bonheur ne devrait pas fonctionner comme cela.

En fait, le bonheur est une de ces choses qui ne se réduisent pas, les élèves ne sont pas classés. Et les enfants ne reçoivent pas de vraies notes avant l'équivalent du CM1. Au lieu de cela, une réunion parent-élève se tient chaque année pour discuter du développement de l'enfant, d'un point de vue scolaire, social et affectif.

Et même si le système éducatif danois s'intéresse tout autant aux compétences de vie qu'aux mathématiques et la lecture, cela ne veut pas du tout dire que les petits Danois ont de mauvais résultats scolaires. Dans la dernière enquête de PISA (Programme international pour le suivi des acquis des élèves), qui remonte à 2015, et mesure les performances académiques des enfants dans plus de 70 pays, les élèves danois obtiennent 511 en maths, alors qu'au Royaume-Uni cette note est de 492, et aux États-Unis, 470. En ce qui concerne la lecture, les notes obtenues sont les suivantes : Danemark 500, Royaume-Uni 498 et États-Unis 497.

Apprendre à nos enfants le travail en équipe, la coopération, l'empathie et la fiabilité n'empêche en aucun cas l'acquisition de compétences académiques. De plus, il est sûrement utile d'apprendre aux employeurs que la confiance est bénéfique pour les résultats d'une entreprise.

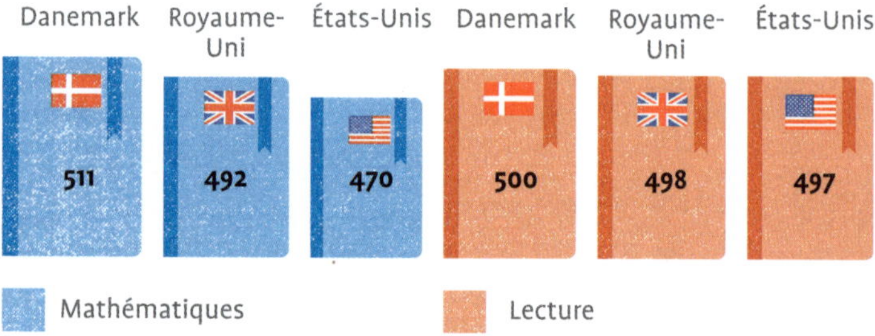

Source : *PISA (Programme international pour le suivi des acquis des élèves) – 2015*

La confiance ne coûte rien

Pour les gens qui travaillent dans des endroits où la confiance ne règne pas, le travail est souvent associé à des mots comme « contrôle », « surveillance », « vérification » et « bureaucratie », avec ses règles et réglementations.

« Nous devons juste passer notre dispositif portable quand nous entrons, et quand nous partons. Ainsi, la durée exacte de notre visite est enregistrée », raconte Pia, aide-soignante du service public, qui s'occupe de personnes âgées, pour expliquer comment un changement de pratiques à Copenhague a bouleversé son travail.

Avant, ses visites aux personnes âgées étaient planifiées, divisées en différentes tâches auxquelles était allouée une certaine durée. Les gouttes dans les yeux (cinq minutes), aider à aller aux toilettes (dix minutes), aider à se lever et manger (dix minutes). On comptait soixante-dix tâches individuelles, le doigt sur la montre.

« On passait notre temps à regarder l'ordinateur portable et à ne faire attention qu'au temps alloué à certaines tâches. »

En 2011, la ville de Copenhague a lancé un projet pilote pour tester un système basé sur la confiance, en opposition à la « tyrannie de la minute », comme tout le monde l'appelait. Au lieu de perdre du temps à noter toutes les tâches effectuées, les aides-soignantes pouvaient s'occuper uniquement de la personne à aider. Au lieu de suivre les consignes pour savoir quoi faire, et combien de temps cela devrait prendre, l'employé devait décider par lui-même, en coopération avec la personne dont il s'occupait.

« Nous ne devrions pas contrôler nos employés. Ce sont eux qui savent évaluer ce qu'il est nécessaire de faire lors d'une visite », a dit la maire Ninna Thomsen.

Ce projet pilote a été une grande réussite. Il n'entraîna pas de hausse des dépenses, et la satisfaction des employés est montée en flèche. Ce système est aujourd'hui utilisé dans tout le secteur de soins du quartier, et a entraîné une réforme de la confiance dans le service public de Copenhague. La ville ne s'intéresse désormais plus aux règles, à la bureaucratie ou aux exigences de rapports, mais se concentre sur ce qui est le mieux pour les citoyens, et la manière dont un employé peut offrir le meilleur de lui-même. Les managers et les employés sont évalués sur la base des avis des citoyens plutôt que par des protocoles, surveillances et rapports.

« Aujourd'hui, nous croyons vraiment que nous arrivons à évaluer les besoins de nos seniors », explique Pia, qui ressent maintenant une plus grande satisfaction au travail. Elle n'est pas la seule. La satisfaction des employés a augmenté, et les arrêts maladie sont en baisse. « Avant, on faisait ce qu'on nous disait de faire, et on partait aussi vite. Aujourd'hui, on peut se concentrer sur le service apporté à la personne, et répondre à ses besoins potentiels. Aujourd'hui, nous sommes plus libres. »

Projet bonheur

Changez la compétition en coopération

Transformez les jeux de compétition en jeux de coopération.

Pour apprendre à nos enfants la valeur et le côté amusant de la coopération par rapport à la compétition, contournez quelques jeux classiques. Vous connaissez le jeu des chaises musicales, non ? Dix enfants, neuf chaises et, quand la musique s'arrête, il faut trouver une chaise. Si vous n'en avez pas, vous avez perdu. On retire une chaise à chaque tour, jusqu'à ce qu'il ne reste plus que deux enfants pour une seule chaise. Donc, en gros, une version allégée de *Hunger Games*.

Ce jeu apprend aussi à nos enfants comment se battre pour des ressources insuffisantes. SUPER MARRANT ! Et si nous faisions de ce jeu un jeu de coopération ? Il suffirait de commencer avec dix enfants et neuf chaises mais, quand la musique s'arrête, tout le monde s'assoit : deux enfants partagent la même chaise. Bien joué. Maintenant, on retire une chaise mais tous les enfants restent dans la partie. La musique s'arrête, et cette fois-ci deux enfants doivent partager une chaise. Vous avez compris le principe. À la fin, les dix enfants doivent essayer de s'asseoir sur la même chaise. Au lieu de leur apprendre la compétition, on leur apprend la coopération.

Cinq idées pour encourager l'empathie des enfants

1. **Marcher et raconter** : Sortez et tentez de trouver quelqu'un qui porte une veste grise (ou autre chose). Une fois que vous avez choisi une personne, passez le reste de votre promenade à imaginer sa vie en vous appuyant sur son apparence.
2. **Dessiner** : Dessinez un visage au centre d'une feuille, avec une expression de joie, de colère, de tristesse ou toute autre émotion, puis dessinez autour ce qui a pu mettre la personne dans cet état.
3. **Faire écho** : « L'émotion de la semaine » ; choisissez une émotion, dessinez-la ou écrivez-la sur un Post-it et collez-le sur le frigo. Puis, toute la semaine, demandez à votre enfant de repérer cette émotion sur lui-même ou chez les autres.
4. **Gesticuler** : Tenez-vous debout devant le miroir. Placez vos bras dans votre dos et parlez, puis utilisez vos bras pour exprimer ce que vous venez de dire (ce jeu peut aussi se faire à deux, un qui parle et l'autre qui gesticule).
5. **Sans le son** : Lancez un des films préférés de votre enfant, mais sans le son. Parlez des expressions faciales que vous voyez, ce qu'elles signifient et pourquoi les personnages se sentent ainsi.

Beauté et intelligence : la course folle

« Qu'est-ce qui vous amène aujourd'hui ? » me demande l'hôtesse d'accueil au visage tout droit sorti d'un magazine.

Pour vraiment comprendre l'importance de la confiance et de la coopération, nous devons nous rendre dans un des pays du monde les plus compétitifs.

Je suis à Séoul – capitale mondiale de la chirurgie esthétique – dans le quartier de Gangnam, également connu sous le nom de Quartier de l'amélioration ou Arrondissement de la beauté à cause des quelque cinq cents cliniques qui y sont installées (incluant Cendrillon, Renaissance et le Centre pour l'apparence humaine). La clinique dans laquelle je me trouve compte soixante-dix étages, et une Ferrari est garée juste devant l'entrée. Rouge, bien sûr.

« M-mon oreille », je réponds en bégayant. « On dirait que quelqu'un m'en a arraché un morceau avec les dents. Je veux la réparer. »

La première partie est vraie. La seconde, pas du tout. Je suis tout à fait heureux avec mon oreille. Je lui dois d'avoir été surnommé Evander Holyfield[1] pendant tout le lycée, et pour un type qui porte des lunettes et une veste en tweed à pièces aux coudes, c'était ma seule chance d'être associé à l'image d'un mauvais garçon.

La véritable raison de ma présence ici est de tenter de comprendre ce qu'on pourrait appeler la course folle à la beauté.

---

1. Boxeur américain, champion du monde, notamment connu pour avoir été mordu à l'oreille par Mike Tyson lors d'un combat. *(N.d.l.T.)*

Des estimations basées sur des statistiques de la Société internationale de chirurgie plastique esthétique révèlent qu'une personne sur cinquante est passée sous le bistouri ou l'aiguille en Corée du Sud, ce qui place le pays à la première place, en pourcentage de la population : vingt procédures pour mille personnes, contre treize pour mille aux États-Unis. Le Royaume-Uni n'entre pas dans ces statistiques, mais les données de l'Association britannique des chirurgiens plastiques esthétiques indiquent que 51 140 procédures ont été réalisées en 2015, ce qui donnerait un taux d'environ 0,8 procédure pour mille.

Il est en plus supposé que le nombre réel en Corée du Sud est bien plus élevé, car certaines procédures réalisées dans des cliniques privées peuvent ne pas avoir été prises en compte ; certains rapports estiment que 20 % de la population féminine font appel à la chirurgie esthétique au moins une fois au cours de leur vie, alors que d'autres estiment qu'au moins 50 % des femmes de moins de 30 ans se sont fait opérer à Séoul.

Quels que soient les chiffres exacts, la question reste la même : pourquoi sont-ils si élevés ?

D'abord, avec des prix pratiqués inférieurs d'environ deux tiers à ceux pratiqués aux États-Unis, le tourisme esthétique à Séoul joue un rôle dans les statistiques. Des voyages tout compris sont proposés, des hôtels travaillent main dans la main avec des cliniques afin que les clients n'aient pas à se déplacer avec leurs pansements et, en effet, les valises envahissent l'entrée de la clinique où je me trouve.

Deuxièmement, la chirurgie de la paupière (qui consiste à créer un pli dans la paupière pour que l'œil paraisse plus grand) est très populaire ici. C'est une opération simple qui ne prend en général que quinze minutes (l'ancien président de la Corée du Sud, Roh Moo-hyun, y est passé en 2005 alors qu'il était au pouvoir). C'est la troisième raison : les hommes le font aussi et représentent 15 à 20 % des clients.

Dans le métro de Séoul, vous avez des chances d'être accueilli par des publicités qui vantent la chirurgie cosmétique : « Tout le monde l'a fait à part vous. » Et cela nous amène à la quatrième raison : la compétition.

Vous vous souvenez de ce Coréen qui disait : « Si un cousin achète un terrain, l'autre cousin a mal au ventre. » ? D'abord, votre voisin a acheté une nouvelle voiture, puis vous avez acheté une nouvelle voiture. Maintenant la compétition touche de nouveaux domaines : la beauté et l'éducation.

« La Corée est une société très compétitive », me dit Yeon-Ho.

Nous nous sommes déjà vus deux ou trois fois avant. La première fois, c'était à mon bureau à Copenhague, alors qu'il faisait des recherches pour un livre expliquant pourquoi les Danois avaient de si bons scores de bonheur, et comment la Corée du Sud pourrait s'en inspirer. Aujourd'hui, nous sommes à Séoul, et nous nous revoyons en plein centre-ville, alors que des milliers et des milliers de manifestants protestent contre le président Park à propos d'un scandale de corruption (ce qui mènera plus tard à sa destitution et son départ).

« Il faut qu'on lâche un peu les élèves coréens avec la compétition. C'est pour cette raison que j'ai lancé l'*efterskole* danoise ici. »

Les élèves de Corée du Sud sont les plus travailleurs que j'aie jamais rencontrés. Ceux avec qui j'échange commencent la première école (oui, la première école) à 8 heures du matin et terminent à 16 heures, puis ils rentrent manger chez eux. La seconde école peut se dérouler entre 18 et 21 heures, il peut s'agir de cours particuliers ou d'un *hagwon* (une prépa privée à but lucratif). Les trois quarts des élèves vont dans une « seconde école ». Les *hagwons* et les professeurs particuliers sont un très gros marché et participent à accélérer encore la course aux résultats scolaires pour obtenir une place dans l'une des trois plus prestigieuses universités du pays – l'Université nationale de Séoul, l'université de Corée de Sud et l'université Yonsei (également appelée SKY en anglais) – et préparer le chemin vers un emploi dans une des meilleures entreprises.

L'examen qui détermine l'entrée à l'université est pris très au sérieux. Quand il a lieu, la Bourse nationale ouvre une heure plus tard et les heures de bureau sont modifiées pour réduire les embouteillages matinaux afin d'éviter aux élèves d'arriver en retard.

Selon les Statistiques nationales de Corée du Sud, plus de la moitié des jeunes entre 15 et 19 ans qui sont suicidaires indiquent comme raison « les résultats scolaires et l'entrée à l'université ». En 2008, le gouvernement a même instauré un couvre-feu sur les cours particuliers : plus d'école après 22 heures. Les citoyens recevaient une récompense pour dénoncer quiconque violait cette interdiction. Des patrouilles contrôlaient les *hagwons*, faisaient des descentes et des coups de filet. « Que tout le monde reste calme ; c'est une descente de police : posez vos livres ! »

Difficile de ne pas être d'accord avec Yeon-Ho concernant la compétition, et c'est pourquoi la première chose qu'il a rapportée du Danemark en Corée du Sud a été le concept de l'*efterskole*.

Son rêve pour l'école est d'offrir aux élèves l'occasion de vivre comme une petite société où ils peuvent prendre en charge leur propre vie. Où ils connaissent un sentiment de communauté et de bonheur, et se concentrent sur d'autres choses qu'étudier pour un examen. Où ils apprennent à être en coopération plutôt qu'en compétition.

« C'est pour ça que je dis aux élèves, si quelque chose ne se passe pas comme prévu, vous aurez quand même réussi, car vous apprendrez beaucoup le long du chemin. En étant en compagnie de vous-même et des autres, et en étant heureux. »

Cette façon d'élever les enfants s'intéresse bien plus au vivre-ensemble, à la confiance, l'empathie et la coopération. En gros, aux compétences sociales. L'objectif n'est pas de créer un robot humain à la plus grande efficacité possible, mais de modeler une personne qui comprend et aide les autres.

Mères tigres ou mères éléphants

Tout le monde n'est pas d'accord avec le système éducatif du Danemark ou la façon dont les enfants y sont élevés. En 2011, le livre *L'Hymne de bataille de la mère tigre*[1] est apparu comme un anti-manifeste de la façon danoise d'élever les enfants.

Cet ouvrage semblait inciter à mettre la pression sur les enfants pour qu'ils réussissent à l'école, et à restreindre les activités sociales ou extra-scolaires comme d'aller passer la nuit chez un camarade (en gros, tout ce qui est amusant). Dans le même temps, il recommandait les punitions et de faire en sorte que l'enfant ressente de la honte s'il échouait à combler les exigences de ses parents.

En 2013, une étude menée par le Pr Su Yeong Kim, professeur associé en sciences de la famille et développement humain de l'université du Texas, a mis en lumière les effets d'une parentalité « tigre ». Selon lui, les enfants tigres obtenaient de plus mauvaises notes, se sentaient déprimés et plus éloignés de leurs parents que les enfants qui décrivaient leurs parents comme « encourageants » et « faciles à vivre ».

Quelques années après la parution de *L'Hymne de bataille de la mère tigre*, on a demandé à l'auteure, Chua – la mère tigre originelle – et à son mari pourquoi certains groupes culturels réussissaient mieux que les autres aux États-Unis. Chua expliqua que leur approche consistait à mesurer les niveaux de revenus du recensement américain, mais concéda que c'était « une vision très matérialiste du succès, nous n'affirmons pas que ce soit le seul chemin possible ; ce n'est pas synonyme de bonheur, vous voyez ? » Son mari fit éga-

1. De Amy Chua, traduction française parue aux éditions Gallimard (2011).

lement part de son inquiétude à mettre autant de pression sur les gens.

« Je sais que je suis bien moins heureux, dit-il, parce que j'ai toujours l'impression que ce que je fais ne suffit pas. Quoi que je fasse, c'est vraiment douloureux et je crains d'avoir transféré ça à mes enfants. »

Il n'existe aucune méthode de parentalité parfaite, tout comme il n'existe ni parent ni enfant parfait. Analysons maintenant les bienfaits des choix des pères et mères éléphants : des parents qui entourent et encouragent leurs enfants et qui croient que, si un enfant sait qu'il est aimé, cet amour lui donne la force de trouver son propre chemin vers le bonheur.

J'ai eu la chance d'être élevé par des éléphants. Si je n'avais pas eu mes parents pour m'encourager à faire ce qui me rend heureux, et me faire comprendre que j'étais aimé, quoi que je fasse de ma vie, je ne suis pas sûr que j'aurais eu le courage de me lancer dans un voyage dont l'issue probable était l'échec, et qui m'a finalement apporté le bonheur.

J'ai rencontré une violoniste qui avait été élevée par une mère tigre. En CE2, j'ai été mis au coin en cours de musique par un prof remplaçant qui pensait que j'essayais délibérément de saboter son cours de chant. Ce n'était pas vrai. Je n'avais juste aucun talent musical. Aucune mère tigre n'aurait pu changer cela. Quoi qu'il en soit, la violoniste et moi-même nous sommes retrouvés lors d'un événement à Londres, et nous en sommes venus à discuter de la façon dont nous avions été élevés. « Quand j'étais enfant, ma mère me demandait ce que je voulais devenir plus tard », me raconta-t-elle.

« Je veux être heureuse », lui avait-elle répondu. « Ne sois pas stupide, avait répliqué sa mère, ce n'est pas une vraie ambition. » Ce jour-là à Londres, elle a joué du violon. C'était la plus belle démonstration de compétences musicales que j'avais jamais entendue. Je suis sûr que sa mère était heureuse. J'espère qu'elle aussi.

Hiérarchie en altitude

Dans les pays plus égalitaires économiquement, le pourcentage de gens d'accord avec la phrase « Les gens sont dignes de confiance » est plus élevé.

Le même schéma se retrouve aux USA : plus l'État est économiquement égalitaire, plus les gens se font confiance. Si nous nous faisons confiance, nous nous sentons en sécurité et nous avons tendance à considérer les autres comme des coopérateurs et non des concurrents.

Les niveaux de confiance ne sont pas statiques et, dans des pays comme le Royaume-Uni ou les États-Unis, ils ont chuté. Depuis un demi-siècle, la richesse a augmenté aux États-Unis, mais l'inégalité est montée en flèche, entraînant la chute vertigineuse de la confiance.

L'inégalité amène la méfiance, la compétition, la rancœur et la colère. Elle augmente au niveau mondial, et alors qu'auparavant on remarquait un « effet ascenseur », les riches et les pauvres chutant de la même façon, de plus en plus de gens pauvres sont aujourd'hui délaissés. Et à mesure que l'inégalité augmente, de plus en plus de gens se sentent abandonnés, effrayés et furieux.

Les maux de l'inégalité sont très bien résumés dans *Le Niveau à bulle – Pourquoi l'égalité est mieux pour tout le monde*, de Richard G. Wilkinson, professeur d'épidémiologie sociale à l'université de Nottingham, et Kate Pickett, professeur d'épidémiologie au département de sciences de la santé de l'université de York. Un haut niveau d'inégalité réduit l'empathie, la confiance et la santé à la fois mentale et physique, et mène à plus de violence, à des taux de criminalité et de natalité chez les adolescentes plus élevés, et plus d'obésité.

Cependant, je pense que l'une des études récentes (2015) les plus intéressantes est celle de Katherine DeCelles et Michael Norton qui s'est intéressée à des cas de « rage de l'air ». Il s'agit d'un comportement violent ou turbulent de la part d'un passager, causé par un stress physiologique ou psychologique associé à un voyage en avion. Cela peut inclure des menaces envers le personnel, d'ôter son pantalon et de passer tout le vol en caleçon… une personne a même essayé d'étrangler le passager devant elle car il avait incliné son fauteuil vers l'arrière.

Ce que les deux professeurs (respectivement à la Harvard Business School et à l'université de Toronto) ont analysé, c'est non seulement si, par exemple, la taille des sièges individuels ou les retards pouvaient être corrélés avec une « rage de l'air », mais aussi avec tout le système de classes dans ces microcosmes sociaux – en d'autres termes, l'inégalité.

Ils ont découvert que l'inégalité physique – la présence d'une première classe – dans l'avion est associée à des phénomènes plus fréquents de rage de l'air en classe économique. Les passagers de la classe économique avaient près de quatre fois plus de risques d'étrangler le passager devant eux s'ils se trouvaient dans un avion avec une première classe.

Mais ce ne sont pas les seuls passagers de la classe économique qui se comportent mal. Quand les personnes issues d'une classe sociale supérieure sont davantage conscientes de leur supériorité sociale, elles ont plus tendance à avoir un comportement antisocial, de faire preuve de moins de compassion et d'avoir l'impression qu'elles ont tous les droits.

En plus – et c'est là que je trouve que ça devient fascinant –, l'étude a montré que les passagers de la classe économique qui devaient traverser la première classe pour atteindre leur siège présentaient plus de risques de rage de l'air.

Pour simplifier, on peut monter par l'avant, le milieu ou l'arrière d'un avion – et seul l'embarquement par l'avant vous fera passer par la première classe. Voir le champagne gratuit, les sièges entièrement inclinables et les sourires narquois sur le visage des passagers de première classe multiplie par deux les risques de ceux de la classe économique de mettre leurs mains autour de la gorge d'un autre passager.

D'autres facteurs, comme la largeur des sièges individuels, ne semblent pas avoir d'importance. En matière d'inégalité, l'étude a prouvé l'importance de prendre en compte non seulement la conception des avions, des bureaux et des stades pour appréhender et prévenir les comportements antisociaux, mais aussi la conception de nos sociétés.

De bien des façons, le Royaume-Uni est un pionnier dans le domaine du bien-être. D'une part, l'Enquête annuelle de population pose chaque année à 160 000 personnes quatre questions sur leur bien-être, telles que « Globalement, à quel point vous êtes-vous senti heureux hier ? », « Globalement, à quel point êtes-vous satisfait avec votre vie ces temps-ci ? » et « Globalement, à quel point vous êtes-vous senti anxieux hier ? ».

Ce qui donne à des intellos comme moi la chance de comprendre pourquoi certaines personnes ont voté pour la sortie de l'UE, et pourquoi d'autres voulaient y rester.

Selon la New Economic Foundation, l'inégalité en matière de bonheur a été un fort prédicteur géographique du vote pour quitter l'UE. Les plus grands écarts de bonheur ont été trouvés dans des endroits comme Blaenau Gwent dans les vallées galloises, où une énorme majorité a voté pour le départ de l'UE, alors que le taux d'inégalité le plus bas en termes de bien-être a été découvert dans des endroits comme Cheshire East et Falkirk, qui ont très largement voté pour rester dans l'UE. En moyenne, dans les vingt endroits les plus inégaux de Grande-Bretagne en termes de bien-être, 57 % ont voté pour quitter l'UE, alors que dans les vingt endroits les plus égaux, ce chiffre n'était que de 43 %.

Trois mois avant le vote du Brexit, le Rapport mondial sur le bonheur a mis en avant que l'inégalité de bien-être avait un effet négatif plus fort sur le bien-être que les inégalités de revenus, et, comme la Fondation pour la Nouvelle Économie l'a montré, l'inégalité de *revenus* n'était pas associée du tout avec un vote pour quitter l'UE, alors que l'inégalité de *bien-être* si. Ces résultats soutiennent l'hypothèse selon laquelle nos sentiments subjectifs sur notre vie et les comparaisons que nous faisons entre celle-ci et celle des autres sont un prédicteur plus pertinent de l'insatisfaction des gens et de leur sentiment d'abandon. Nous nous mettons en colère quand nous sommes en face d'une inégalité, et nous ne sommes pas seuls : en fait, nous sommes programmés pour réagir à l'inégalité et à l'injustice.

Inégalité de bien-être

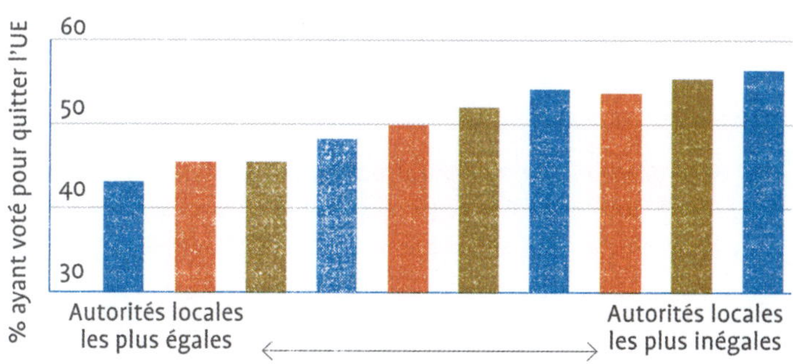

Laissez-les manger du raisin

Si je devais changer de travail, je choisirais celui de Frans de Waal. Il est primatologue et étudie le comportement social des singes.

Son livre *La Politique des chimpanzés*[1] soutenait que les racines de la politique sont plus anciennes que l'humanité (même s'il semble que, ces dernières années, les hommes politiques humains semblent de plus en plus prêts à s'envoyer des déjections au visage). Néanmoins, il affirme aussi que nous pourrions être physiquement programmés pour réagir vivement à l'inégalité.

De Waal a étudié comment les capucins réagissent à l'inégalité en les mettant par deux et en leur faisant effectuer la même tâche : donner une pierre au chercheur. En récompense, le premier singe reçoit un morceau de concombre, il est heureux et ne tarde pas à offrir de nouvelles pierres au chercheur pour en avoir encore... jusqu'au moment où il s'aperçoit que le deuxième singe se voit offrir du raisin, ce que les singes préfèrent au concombre, en échange d'une pierre.

Le premier singe essaie encore ; cette fois-ci il teste la pierre en la tapant contre le mur, la tend au chercheur et en retour obtient encore un morceau de concombre. C'est alors que la crise de colère commence. Le singe secoue la cage, tape sur la porte et lance le concombre sur le chercheur.

J'ai fait remarquer à mon frère que nous pourrions tester l'hypothèse de De Waal en donnant à mon plus jeune neveu deux biscuits au chocolat, puis un seul à son grand frère. Depuis ce jour, sans trop savoir pourquoi, je n'ai plus le droit de les garder.

---

1. Traduction française publiée aux éditions du Rocher (1987). *(N.d.l.T.)*

Le plus important dans tout cela, c'est que, même si nous pouvons améliorer la confiance à court terme en faisant travailler nos muscles de l'empathie et en enseignant à nos enfants la coopération plutôt que la compétition, il y a un élément que nous devons prendre en compte pour améliorer la confiance et le bonheur à long terme.

Et cet élément est la compréhension que mon bonheur dépend de comment ma famille se comporte, mais aussi du sort des enfants de mes voisins. Il s'agit de célébrer le principe selon lequel je prends soin de mes frères et sœurs, et qu'ils prennent soin de moi. Il s'agit de juger nos sociétés non par le succès de ceux qui finissent premiers, mais par notre capacité à relever ceux qui tombent.

Projet bonheur

Faites travailler votre muscle de l'empathie

Lisez de la littérature et sortez de vos cercles sociaux habituels pour améliorer votre compréhension du comportement des autres.

Mettez-vous à la place des autres et choisissez des ouvrages de fiction littéraire. Pourquoi pas *Ne tirez pas sur l'oiseau moqueur* de Harper Lee, *Gatsby le Magnifique* de F. Scott Fitzgerald ou *Les Raisins de la colère* de John Steinbeck ? Trouvez des mélangeurs sociaux qui vous permettent d'aller au-delà de vos cercles sociaux classiques. Visitez des endroits qui ont voté à l'opposé de votre opinion politique. En écoutant les histoires de gens, vous découvrirez peut-être que vous auriez pu faire les mêmes choix si vous aviez été à leur place.

Nous ne sommes pas vraiment si différents les uns des autres, nous avons juste eu des points de départ différents. S'il est facile d'arrêter d'écouter les gens avec qui nous ne sommes pas d'accord, les jugeant comme ignorants, mauvais, ennemis, cela ne pourra jamais que nous mener au malheur. Mais peut-être que si nous écoutions, nous nous rendrions compte que c'est l'inégalité, la partialité et l'injustice qui sont les ennemis, et que l'empathie, la confiance et la coopération sont les clés pour avancer.

Sense and Sensibility
FOLIO SOCIETY
T FITZGERALD
THE GREAT GATSBY
FOLIO SOCIETY
THE HITCHHIKER'S GUIDE TO THE GALAXY
FOLIO
TRUMAN CAPOTE
BREAKFAST AT TIFFANY'S
PARADISE LOST
JOHN MILTON
007
CASINO ROYALE
IAN FLEMING
EVELYN WAUGH
VILE BODIES
FOLIO
KEN KESEY
ONE FLEW OVER THE CUCKOO'S NEST
HANS ANDERSEN'S FAIRY TALES
WITH ILLUSTRATIONS BY W. HEATH ROBINSON

La confiance

L'expérience du « portefeuille perdu »

Helsinki, Finlande : des chercheurs ont « laissé tomber » des portefeuilles dans différentes villes. Chaque portefeuille contenait un nom, un numéro de portable, une photo de famille, des bons de réduction, des cartes de visite et l'équivalent de 40 euros. À Helsinki, 92 % de ces portefeuilles ont été rapportés avec l'argent intact à l'intérieur. Apprenez-en plus p. 204.

L'expérience narrative parallèle

Israël et Palestine : le Forum des Familles – Cercle des Parents est une association citoyenne de familles palestiniennes et israéliennes qui ont perdu des membres de leur famille proche dans le conflit. Un processus appelé Expérience narrative parallèle permet à chaque partie de comprendre les histoires personnelles et nationales de l'autre. Les membres se réunissent régulièrement pour renforcer leur compréhension mutuelle et le respect entre leurs communautés.

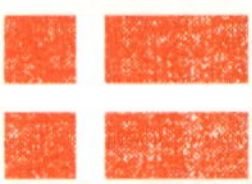

Coopération et empathie par le jeu de rôle grandeur nature

Østerskov, Danemark : l'*efterskole* d'Østerskov utilise le jeu de rôle grandeur nature pour enseigner aux enfants, qui peuvent alors passer une semaine dans la Rome antique ou à Wall Street. Les enseignants ont découvert, par exemple, que les enfants atteints du syndrome d'Asperger apprennent des compétences sociales et comment gérer des situations sociales en jouant des rôles différents.

De gardiens de prisonniers à capitaines de vie

Singapour : l'administration pénitentiaire de Singapour a changé ses prisons en école de la vie, en se concentrant sur la coopération et la réhabilitation. Les gardiens de prison ont pour mission de gérer toutes les questions relatives aux personnes incarcérées dans une unité particulière, et ils endossent ainsi le rôle de mentor et de conseiller. Les détenus ont la possibilité de prendre des décisions, à partir du moment où celles-ci leur permettent d'améliorer les choses. À tout point de vue, les résultats sont impressionnants, depuis l'amélioration du moral et de la sécurité du personnel, jusqu'à de meilleurs liens sociaux entre les prisons et le reste de la société, et même une baisse de la récidive, chutant de 44 à 27 % en dix ans.

La Favela Painting Foundation

Rio de Janeiro, Brésil : dans les favelas de Rio de Janeiro, des artistes ont créé une petite mais importante révolution. Et leurs armes principales sont le pinceau et la peinture de couleur vive. Dans une démarche ouverte, collaborative et inclusive, ils peignent les maisons des favelas dans les couleurs de l'arc-en-ciel – et de nombreux jeunes du quartier viennent les aider, s'appropriant le projet. Ils choisissent les couleurs et peignent ensemble. Aujourd'hui, c'est un tout nouveau monde qui accueille les touristes et les autochtones. Ce ne sont plus seulement des maisons, ce sont des foyers. Et les gens qui y habitent sont maintenant fiers de le dire, et fiers de montrer qu'ils ont plus à offrir au monde que ce que le monde aurait pu penser.

Chapitre 8

La bonté

La bonté

L'une des personnes les plus inspirantes que j'aie pu rencontrer lors de mes voyages est un homme que je vais appeler Clark. Ce n'est pas son vrai nom (sa véritable identité est secrète) et il est ce qui se rapproche le plus du super-héros.

Clark s'est assis à côté de Tim dans un avion juste pour l'aider à surmonter sa peur de voler. Il a aidé Anthony à susciter une prise de conscience sur le manque d'accessibilité du métro de Londres pour les personnes handicapées. Il a retrouvé le propriétaire d'une carte mémoire perdue depuis longtemps et a essayé de réunir un fils et son père, lui aussi perdu depuis longtemps. Tous ces gens étaient de parfaits inconnus pour lui.

Son superpouvoir : la bonté. Clark est aussi connu sous le nom de *The Free Help Guy*[1].

THE FREE HELP GUY

1. Littéralement, « Le type qui aide gratuitement ». *(N.d.l.T.)*

« Quand nous grandissons, je pense que nous rêvons tous de changer le monde, mais à l'approche de la trentaine j'allais au travail tous les jours, en passant par la station Oxford Circus, en compagnie de milliers d'autres personnes. C'était un bon emploi, mais je ne changeais pas le monde.

J'étais arrivé au point où je faisais des choses qui semblaient n'avoir aucun sens. Travailler et batailler. Je me sentais un peu perdu. Je me suis imaginé cinq ans plus tard, faisant la même chose, et j'ai senti que quelque chose n'allait pas. Alors j'ai démissionné. »

Clark s'est promis à lui-même de passer les six mois suivants sans travailler. Il voulait toujours un salaire, mais un salaire qui se mesurait en choses et non en pièces et billets.

Il a passé la première semaine à regarder *Breaking Bad*. Puis il a décidé de poster un mot sur Internet. « Si vous avez besoin d'aide, je vous aiderai. Gratuitement. (Surtout si vos besoins sont marrants, différents et moralement décents.) TheFreeHelpGuy. » Il a reçu une réponse dans la journée.

« J'ai décidé que je voulais aider les gens. Je voulais que ce soit personnel et je voulais avoir un peu de liberté aussi avec. »

La première réponse venait de Jill et Richard, un couple vivant à Plymouth. L'année précédente, ils avaient offert une chambre à un sans-abri, « il a maintenant trouvé un emploi et loue son propre appartement », écrivaient-ils. « Pouvez-vous nous aider à trouver une autre personne ? »

Puis vint Vince, un superviseur en informatique qui voulait devenir hypnotiseur et avait besoin d'un cochon d'Inde, et Sophie qui demandait de l'aide pour trouver le prénom de son bébé. Clark suggéra Zeus. Les parents firent un autre choix.

Ensuite, il y eut Jill des États-Unis, qui lui demanda de l'aide pour réunir son mari, Ian, avec son père disparu depuis longtemps, Frank, qui vivait au Royaume-Uni. Il s'avéra que Frank était mort, et Clark dut appeler Ian, quelqu'un qu'il n'avait jamais rencontré, pour lui annoncer la nouvelle. Ce n'est pas la fin heureuse que tout le monde espérait, mais au moins Ian savait.

Il y eut Margot, une jeune fille atteinte de leucémie qui avait besoin d'aide pour trouver un donneur de moelle osseuse. Clark mobilisa quatre-vingts personnes pour une distribution de brochures autour d'un centre local de prélèvements pour trouver des donneurs compatibles. Margot trouva un donneur, mais sa vie ne put être sauvée. Malheureusement, elle mourut dix mois plus tard.

Aider les gens, écouter leur histoire et s'impliquer dans leurs espérances, leurs rêves et leurs combats apporte à la fois de la tristesse et de la satisfaction. Quand nous commençons à connaître les gens, nous commençons à faire attention. Nous prenons part à leurs victoires, et nous partageons leurs défaites. Le résultat pour avoir aidé peut être très mitigé. S'impliquer veut aussi dire être parfois blessé.

Mais aider donne aussi un sens à la vie.

Eden, qui avait 9 ans quand Clark l'a rencontrée pour la première fois avec sa mère Trudy, souffrait de myoclonie diaphragmatique. Un diaphragme défectueux provoque des spasmes dans tout le corps, empêchant de parler et entraînant des convulsions. C'est une maladie si rare qu'Eden était la seule personne atteinte au Royaume-Uni. L'unique spécialiste du monde se trouvait à des milliers de kilomètres, dans le Colorado, aux États-Unis. Alors Clark a récolté les 4500 euros nécessaires pour financer les vols, le séjour et les consultations initiales dans le Colorado, grâce à une cagnotte collaborative et au harcèlement des journalistes.

Quand j'ai rencontré Clark en 2015, Eden allait « très bien ». Pour quelqu'un qui voulait avoir un salaire qui pouvait s'évaluer d'une manière non monétaire, il semblait avoir trouvé une nouvelle devise, qui se convertit aisément en bonheur.

« Les gens partent du principe que Londres est une ville chère et qu'il faut se concentrer sur son salaire. Mais on peut quand même trouver du temps pour aider. »

Aider a aussi changé la vie de Clark. « Mon cœur bat d'une façon inédite. Ma vie est intense. Donner, c'est du bonheur », dit-il. Il travaille maintenant comme consultant en affaires indépendant, mais a laissé tomber la limite des six mois qu'il s'était fixée au début. Il veut maintenant continuer à aider toute sa vie, et espère que The Free Help Guy existera toujours après sa mort.

Projet bonheur

Soyez davantage comme Amélie Poulain

Trouvez des moyens d'apporter du bonheur aux autres grâce à des actes de bonté.

Dans le film *Le Fabuleux Destin d'Amélie Poulain*, la serveuse timide ouvre une vieille boîte en métal remplie de souvenirs d'enfance, cachée par un garçon qui avait vécu dans son appartement des dizaines d'années auparavant. Amélie retrouve le garçon, devenu un homme, et lui rend sa boîte. Elle se promet que, si cela le rend heureux, alors elle dédiera sa vie à apporter du bonheur aux autres. L'homme pleure d'émotion, et Amélie s'engage dans sa nouvelle mission. Je pense que le monde a besoin de davantage d'Amélie. Et si nous devenions tous des super-héros secrets de la bonté ?

Cinq actes de bonté au hasard à faire cette semaine

1. Laisser un cadeau sur le pas de la porte de quelqu'un.
2. Apprendre le prénom de la personne à l'accueil ou d'une personne croisée tous les jours. La saluer en disant son prénom.
3. Préparer deux déjeuners et en offrir un.
4. Parler avec une personne timide qui est dans son coin à une fête ou au bureau.
5. Faire un compliment sincère à quelqu'un. Maintenant.

L'euphorie de l'aidant : se sentir bien en faisant le bien

Il y a un proverbe chinois qui dit :

« Si vous voulez du bonheur pour une heure, faites une sieste.

Si vous voulez du bonheur pour un jour, allez à la pêche.

Si vous voulez du bonheur pour un an, héritez d'une fortune.

Si vous voulez du bonheur pour la vie, aidez quelqu'un. »

L'altruisme est un point important pour le bien-être d'autrui et c'est l'un des facteurs qui expliquent pourquoi certains pays sont plus heureux que d'autres. Selon le Rapport mondial sur le bonheur de 2012, une société ne peut être heureuse à moins qu'il y ait un haut degré d'altruisme parmi ses membres.

Néanmoins, ce n'est pas seulement la société dans sa globalité qui devient plus heureuse grâce à l'altruisme. On se sent individuellement mieux. Essayez de vous rappeler une fois où vous avez fait quelque chose de gentil pour un inconnu, pas par intérêt, mais juste dans le but d'aider une autre personne. Comment vous-êtes vous senti alors ?

En ce qui me concerne, c'était une action aussi simple qu'offrir une banane. Je rentrais à pied du supermarché, et j'attendais à un feu rouge. À côté de moi, une mère et son enfant, qui pleurait parce qu'il avait faim.

C'était facile. J'ai pris une des bananes que j'avais achetées et je l'ai tendue à la mère : « Voudriez-vous une banane pour votre enfant ? » J'avais rarement vu quelqu'un d'aussi reconnaissant. Elle était heureuse. L'enfant était heureux. J'étais heureux. Ici nous parlons de bonheur affectif ; notre humeur. Mon bonheur était en partie causé par l'euphorie de l'aidant.

Ce terme s'appuie sur la théorie selon laquelle faire quelque chose de bien nous fait nous sentir bien, car l'action produit une version modérée d'une euphorie sous morphine. Notre cerveau possède une région appelée noyau accumbens – également connue sous le nom de centre de la récompense – qui s'active en réponse à l'alimentation ou au sexe.

Les travaux de recherche neurologique de l'Institut national pour la santé, sous l'égide du Département américain de la santé et des services sociaux, ont mis en évidence que la région de notre cerveau activée en réponse à de la nourriture ou du plaisir s'active également quand les participants à l'étude pensent à donner de l'argent pour une association caritative. En d'autres termes, nous sommes câblés pour nous sentir bien quand nous faisons quelque chose qui permet à notre espèce de survivre. La coopération est bonne pour la survie de notre espèce, et nous sommes donc faits pour nous sentir bien quand nous y participons.

Projet bonheur

Journée internationale de la gentillesse

Réunissez vos amis et réfléchissez à une manière créative de célébrer la gentillesse.

Quelle meilleure façon de célébrer la Journée internationale de la gentillesse qu'avec de la gentillesse ?

La Journée internationale de la gentillesse est née du Mouvement mondial pour la gentillesse, un groupe d'associations nationales pour la gentillesse, en 1998 et on la fête le 13 novembre de chaque année. Au Royaume-Uni, il y a aussi une Journée nationale de la gentillesse ; en 2017 c'était le 31 mars.

Réunissez vos amis et faites une « flash mob utile », par exemple pour une association caritative ou pour aider quelqu'un. Déguisez-vous en super-héros et faites des actes de bonté au hasard ce jour-là. Et pourquoi ne pas appeler ou écrire à une personne qui a été gentille avec vous par le passé, pour la remercier.

Donnez votre temps

Non seulement notre humeur du moment est améliorée grâce à l'euphorie de l'aidant, mais l'altruisme peut aussi affecter notre bonheur global et la façon dont nous évaluons notre vie.

Les gens qui font du travail bénévole sont plus heureux que les autres, même après contrôle des autres facteurs, comme le statut socio-économique. De plus, ils ont moins de symptômes dépressifs, moins d'anxiété et leur vie a plus de sens. Une partie de l'explication réside peut-être dans le fait que les gens plus heureux ont davantage tendance à vouloir faire du bénévolat. Néanmoins, il est également possible que certaines activités bénévoles vous mettent face à des gens moins chanceux que vous, et qu'ainsi vous soyez davantage reconnaissant pour ce que vous avez. Être bénévole peut aussi avoir des effets positifs indirects.

Quand j'avais 23 ans, je me suis proposé pour devenir conseiller auprès des jeunes à la Croix-Rouge. Pendant le cours d'introduction, on nous a présenté les autres postes disponibles au sein de l'association. L'un d'eux consistait à se rendre dans des lycées et faire des exposés sur les problèmes des adolescents, l'empathie et comment apprendre à bien écouter, un autre était un groupe de relations publiques qui travaillait sur la communication. J'ai exprimé oralement mon enthousiasme pour le premier poste – mais comme de plus en plus de gens semblaient faire pareil, j'ai commencé à m'intéresser au groupe de relations publiques. Une fille assise à côté de moi s'est penchée vers moi et m'a chuchoté : « Laisse-moi deviner. Tu veux faire partie du premier groupe, mais tu as peur qu'il soit plein. Alors tu t'es mis à soutenir le deuxième.

Bien joué. » Frederikke et moi sommes amis depuis quinze ans maintenant.

Il y a deux points intéressants dans cette histoire. D'abord, faire du bénévolat est un super moyen de rencontrer de nouveaux amis. Ensuite, soyez toujours amis avec les gens capables de lire en vous. Des études soutiennent mon expérience pour affirmer que le bénévolat peut entraîner plus de relations sociales et d'amitiés, et cela (et j'espère que ce n'est plus une surprise pour vous) a un impact sur notre bonheur.

Cela explique peut-être aussi en partie le grand nombre de Danois engagés dans du bénévolat. Au moment où j'écris ces lignes, 42 % des Danois participent à des activités non rémunérées, et 70 % ont été actifs ces cinq dernières années, selon l'Institut danois pour l'effort bénévole – et cela aide à garder le Danemark heureux.

Bien sûr, une question demeure : si la gentillesse est tellement géniale, pourquoi ne sommes-nous pas plus gentils ? S'il existe une euphorie de l'aidant, pourquoi certaines stars ne sont-elles pas en cure de désintoxication pour avoir fait trop de bénévolat ?

Selon un rapport de Jill Loga de l'Institut norvégien de recherche sociale, l'explication réside peut-être dans le fait que la plupart d'entre nous considèrent que le bénévolat, c'est faire du bien aux autres, mais pas à nous-même. En d'autres termes, nous devons mettre l'accent sur les bénéfices personnels provoqués par la réalisation d'actes de gentillesse et d'altruisme, comme se faire plus d'amis ou se sentir plus reconnaissant pour ce que nous avons. Pas besoin de s'inscrire dans une association caritative, il peut tout aussi bien s'agir de donner un coup de main pour l'entraînement de l'équipe de football ou de sourire davantage aux inconnus dans la rue.

Étude de cas
Sophie

« En y repensant, j'ai peut-être fait une dépression ou un truc du genre. »

Suite à la crise financière, Sophie a été licenciée. « J'avais l'habitude de travailler à toute allure. J'adorais mon travail, mais j'avais aussi toutes ces idées sur ce que je ferais si j'avais le temps. Quelle ironie : quand j'ai perdu mon poste, je n'arrivais plus à sortir de mon lit. »

Pendant les mois suivants, elle a eu l'impression de ne plus savoir qui elle était, et qui elle avait été. « Mon travail était mon identité et il avait disparu. Mon réseau social, c'étaient mes collègues. Disparus, ou toujours là, mais je n'étais plus à l'aise. On parlait beaucoup du travail, et maintenant je ne faisais plus partie de la conversation. »

Elle a commencé à s'isoler. Elle trouvait que le pire, c'était d'assister à des soirées. Tout le monde parlait de sa carrière, à quel point ils étaient occupés. « Ou vous discutez avec quelqu'un et tout à coup la question tant redoutée arrive : "Alors, vous faites quoi ?" J'ai développé un sixième sens pour sentir quand cette question allait arriver et m'éclipser avant. C'est devenu fatigant. »

Puis est arrivée la période qu'elle appelle « doute et redoute ».

« Mon amour-propre en a pris un coup. Être licenciée était une chose. Mais le flot de refus au fil de ma recherche d'emploi m'a vraiment fait douter de mes propres capacités. J'ai commencé à penser que j'avais fait semblant toutes ces années et qu'ils avaient découvert la mascarade – et à présent, j'étais mise de côté. »

Plusieurs mois plus tard, elle n'avait toujours pas retrouvé de travail. Puis un dimanche, sa sœur l'a appelée. « Ma sœur est bénévole et avait préparé des pâtisseries chez elle pour une vente de gâteaux, mais elle devait emmener son fils aux urgences. » Elle a alors demandé à Sophie, qui vit tout près, de passer prendre les pâtisseries et d'aller à la vente à sa place.

« Elle m'avait déjà proposé de me joindre à elle de nombreuses fois, et j'avais toujours dit non. Mais cet après-midi-là je me suis enfin sentie moi-même pour la première fois depuis longtemps. Je me suis amusée. Je me suis sentie utile. Je travaillais auparavant dans l'événementiel, alors je me sentais comme un poisson dans l'eau. »

« Je me suis souvenue de qui j'étais – et je ne faisais pas semblant. J'ai carrément tout déchiré à cette vente de gâteaux. » Elle rit. Elle s'est mise à accompagner sa sœur dans son bénévolat. « C'était ma façon de revenir dans le monde, je pense. C'était du bénévolat, il n'y avait aucune exigence. Je pouvais y aller à mon rythme. »

Aujourd'hui, si elle a retrouvé un emploi dans l'évènementiel – un participant des ventes de gâteaux a remarqué son talent pour l'organisation –, Sophie continue le bénévolat. « Mon identité a deux jambes maintenant, et je vois ma sœur plus souvent. En plus, il y a du gâteau. »

Projet bonheur

Devenez bénévole

Faites du bénévolat pour aider les autres. Améliorez votre communauté et développez votre raison d'être.

Que ce soit ponctuel ou récurrent chaque semaine, le bénévolat a tout bon. Vous rendez votre communauté locale plus heureuse, augmentez votre confiance en les autres et leur confiance en vous.

Le bénévolat a de multiples visages, vous pourriez vouloir l'associer à certains de vos intérêts et objectifs personnels :

- Passionné de politique ? Devenez bénévole pour un candidat local que vous avez envie de soutenir.
- Besoin de vous entraîner à parler en public ? Trouvez un domaine dans lequel vous avez des compétences à transmettre et partagez votre expertise.
- Envie d'en apprendre plus sur d'autres cultures ? Devenez tuteur pour un expatrié.
- Accro à la nature ? Les associations environnementales ont besoin de votre aide pour entretenir les sentiers de randonnée.
- Envie de faire plus de sport ? Entraînez une équipe.
- Vous voulez être plus à l'aise pour jouer de la musique en public ? Prenez contact avec des associations locales qui prennent soin des personnes âgées.

Visitez des sites Internet d'offres de bénévolat. Au Royaume-Uni, il y a do-it.org[1] qui liste plus d'un million d'options et permet à 200 000 personnes de donner de leur temps et de renforcer leurs compétences chaque mois.

Toujours pas sûr ? Faites une journée d'essai. Emmenez un ami.

Ou trouvez-en un là-bas.

---

1. En France, https://www.francebenevolat.org/ par exemple. *(N.d.I.T.)*

La nation des tire-la-gueule ?

Comme le Danemark est souvent tout en haut des classements sur le bonheur, on s'attendrait à ce que les Danois se promènent partout avec de grands sourires béats sur le visage.

Ce n'est pas toujours le cas. Les Danois et les Danoises sont accusés de tirer la gueule[1], ou d'avoir un regard de zombie. Même s'ils sont heureux, les Danois ne semblent pas pour autant gentils et amicaux.

Les Danois admettent souvent que les autres sourient davantage, quand ils vont à l'étranger en vacances. Pourtant, les Londoniens me disent qu'ils trouvent que les Danois sourient beaucoup. Alors, qui a raison ? Est-ce que les Danois sourient plus ou moins que les autres ?

Afin de pouvoir répondre à cette question, j'ai commencé à rassembler des données il y a trois ans. Dans la plupart des villes que j'ai visitées au cours des dernières années, j'ai mesuré la fréquence des sourires. À l'Institut de recherche sur le bonheur, nous avons désormais plus de 30 000 données récoltées dans plus de vingt villes du monde. Pas vraiment du travail au sens propre, plutôt un loisir onéreux. Mais comment mesurer la fréquence des sourires ? En gros, je fais ce que je pense que vous aimez faire, lorsque je visite une ville. Je m'assois dans un café et je regarde les gens.

Mais j'avais besoin de garder une méthode aléatoire en observant les gens, sinon, mon attention aurait pu être attirée par les femmes en robe rouge vif ou par les personnes qui parlaient fort. Alors je me disais : « D'accord, la première personne qui apparaît au coin de la rue, c'est celle-là que je vais observer. »

---

1. Dans la version originale, l'auteur utilise l'expression assez connue sur la Toile de « *resting bitch face* ». (*N.d.l.T.*)

Après avoir observé la personne pendant cinq secondes (sans qu'elle le remarque, sinon ça aurait influencé le résultat), je notais si elle avait souri ou non, son sexe, une estimation de son âge, ajoutais si elle était accompagnée ou non, et ce qu'ils faisaient. Est-ce qu'elle boit un café, parle au téléphone, promène son chien, ou autre chose ?

J'ai regardé des milliers et des milliers de gens vaquant à leurs occupations quotidiennes, des centaines et des centaines discutant au téléphone, des dizaines et des dizaines qui se tenaient par la main – et un type qui se curait le nez.

En plus de la distribution des sourires selon les gens, on peut remarquer d'autres schémas en examinant les informations collectées. Les couples italiens ont tendance à se tenir la main, quel que soit leur âge, les Mexicains ont plus de chances d'être en train de grignoter un truc, et il y a davantage de chiens promenés en laisse à Paris et Vancouver.

La plus grosse difficulté étant, bien sûr, de bien différencier les locaux des touristes. Le type avec l'appareil photo, la carte et le regard perdu n'est probablement pas du coin. Et on peut être à peu près certain que cette femme aux bras chargés de sacs de courses, et qui passe devant la cathédrale de Milan, le Duomo, sans même lever les yeux, vit ici.

Alors, est-ce que les Danois sourient plus que n'importe qui d'autre au monde ? Non, les Milanais sourient tout autant, et les habitants de Malaga sourient même davantage que les Danois. Néanmoins, à Copenhague, on sourit plus qu'à New York, Marrakech ou Varsovie. En moyenne, 12,7 % des gens sourient à Copenhague, moins de 2 % à New York, et les habitants de Malaga sourient plus souvent (près de 14 %).

Néanmoins, il faut prendre tout cela avec des pincettes, car ce qui compte vraiment, c'est si les personnes sont accompagnées. Les gens ne sourient que rarement s'ils sont tout seuls, et c'est quelque chose de commun à tous les pays que j'ai visités.

Il existe un lien étroit entre le fait de marcher seul ou accompagné et la fréquence du sourire. Dans des villes comme New York, Séoul et Riga, les gens marchent le plus souvent seuls en journée. Moins d'une personne sur cinq est accompagnée, et les pourcentages de sourires dans ces pays sont parmi les plus bas. À l'autre bout du classement, les villes comme Malaga et Milan, où les gens sont plus souvent accompagnés.

Ainsi, l'endroit dans la ville où les mesures sont faites est également important. Une fréquence plus élevée de sourires sera enregistrée dans le Regent Park où les amis et familles se promènent que dans une rue bondée au centre de Londres.

La culture aussi joue un rôle. Dans certains pays, les gens souriants sont perçus comme plus gentils, plus amicaux et plus attirants, alors que dans d'autres, le sourire est associé à un niveau d'intelligence moindre.

Une équipe de chercheurs menée par Kuba Krys, psychologue à l'Académie polonaise des sciences, a amélioré la compréhension des différences culturelles dans la perception des individus souriants. Les chercheurs ont demandé à 4 519 participants issus de 44 cultures différentes de noter des photographies de visages souriant ou non, indiquant leurs niveaux d'honnêteté et d'intelligence estimés.

À quelle fréquence les gens sourient-ils dans la rue ?

1er
Málaga
13,9 %

2e
Milan
12,7 %

3e
Kuala Lumpur
12,5 %

Copenhague : **12,7 %**

Madrid : **9,5 %**

Montréal : **9,5 %**

Guadalajara : **9,2 %**

Stockholm : **9,2 %**

Lisbonne : **7,7 %**

Riga : **7,1 %**

Marrakech : **6,8 %**

Vancouver : **6,8 %**

Varsovie : **6,2 %**

Paris : **5,1 %**

Helsinki : **4,7 %**

Séoul : **4,7 %**

Amsterdam : **4,4 %**

Londres : **4,3 %**

Dublin : **4 %**

Lille : **3,3 %**

New York : **1,4 %**

Source : Institut de recherche sur le bonheur

Les pays à gauche de la ligne rouge considèrent que les gens qui sourient sont significativement moins intelligents que les gens qui ne sourient pas. Les pays à droite de la ligne rouge estiment que les gens qui sourient sont significativement plus intelligents.

Les chercheurs ont découvert que dans des pays comme l'Allemagne, la Suisse et la Malaisie, les personnes souriantes étaient perçues comme significativement plus intelligentes que celles ne souriant pas, alors que, au Japon, en Corée du Sud ou en Russie, les personnes souriantes étaient perçues comme moins intelligentes. En fait, on m'a dit qu'il existe un proverbe russe que l'on pourrait traduire par « Rire sans raison est un signe de stupidité ».

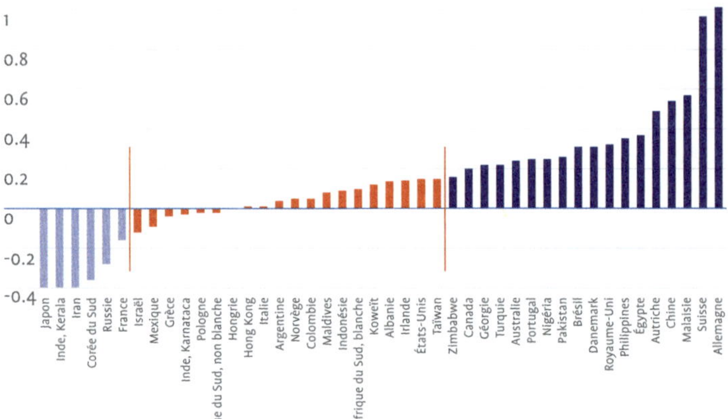

Source : Kuba Krys et al., *« Attention où vous souriez : la culture façonne les jugements sur l'intelligence et l'honnêteté des personnes souriantes » : Journal du comportement non verbal*, 2016

Projet bonheur

Souriez et discutez avec des inconnus

Offrez des sourires et des remarques gentilles : c'est gratuit.

Discutez un peu. Papotez amicalement. Faites un compliment. Les Américains sont devenus maîtres en la matière, mais les Danois sont réputés pour leur nullité en bavardage léger avec les inconnus.

J'essaie de m'améliorer, mais parfois j'échoue. Il y a deux ans, je suis entré dans un ascenseur à l'université de Copenhague. Un homme était déjà dedans, et il me ressemblait en tout point : lunettes, sacoche en cuir marron, pantalon bleu, chemise blanche, veste marron. Et comme pour moi, ses cheveux un peu longs tournaient au gris – ou, comme je préfère dire, blond administratif. Bref, il ressemblait à ma doublure cascade : renforts aux coudes et tout.

« Vous êtes aussi là pour l'étude sur les jumeaux ? » ai-je demandé.

« Non. »

La plus longue montée en ascenseur de ma vie.

Parfois, on choisit la bonté et le malaise vous éclate au visage. Mais il arrive que ça marche, et alors, pendant cinq secondes, le monde est un endroit meilleur. Elles pourraient aussi bien être les cinq premières secondes d'un long voyage vers un monde plus gentil. Souvenez-vous, les grandes choses ont souvent de minuscules débuts.

La bonté : une langue que les aveugles peuvent voir

Mark Twain a écrit un jour que la bonté est une langue que les sourds peuvent entendre et que les aveugles peuvent voir. Robert Levine a pris cette phrase littéralement.

Un jour quand il avait 6 ans, il a vu un homme allongé au milieu d'un trottoir bondé de New York. Les gens qui passaient tout autour ne se contentaient pas de l'ignorer, ils évitaient de trop l'approcher.

De nombreuses années plus tard, en Birmanie, Robert s'est retrouvé dans un marché noir de monde à Rangoon. Le soleil était brûlant et il était difficile de respirer. Tout à coup, un jeune homme portant un immense sac est tombé au milieu de la foule. Les gens se sont vite attroupés autour de lui. Des vendeurs ont même quitté leurs étals pour lui apporter à boire.

Aujourd'hui, Robert est professeur de psychologie à l'université d'État de Californie et étudie ce qui fait que les gens prennent soin les uns des autres, et pourquoi les villes sont si différentes en matière de gentillesse. Robert a dirigé trois différentes expériences.

Les expériences impliquent de créer une situation dans laquelle un inconnu a besoin d'aide. Dans le scénario du stylo, un stylo tombe par terre, apparemment sans que son propriétaire y fasse attention. Dans le scénario de la blessure, un chercheur portant une attelle de jambe et boitant fait tomber un magazine par terre, et il a bien sûr beaucoup de mal à le récupérer. Dans le scénario de l'aveugle, le chercheur qui feint la cécité s'approche d'un carrefour animé et attend qu'on l'aide à traverser la rue.

Ce que les chercheurs ont découvert, c'est que le prédicteur principal du niveau d'aide apporté aux autres est la densité démographique de la ville. Plus il y a de personnes, plus les individus se sentent déconnectés, moins responsables des autres, et sont donc moins enclins à aider. En étudiant 24 villes des États-Unis, l'équipe a constaté que le plus bas niveau d'aide se trouvait à New York et le plus haut à Knoxville, Tennessee.

Néanmoins, Rio de Janeiro au Brésil s'est révélé être la ville avec les gens les plus gentils du monde – plus serviables que ceux de Copenhague par exemple – même si Rio compte environ douze fois plus d'habitants que la capitale danoise. (Une chose curieuse : à Copenhague, il y a plus de chances pour qu'une personne ramasse un stylo plutôt qu'elle n'aide un aveugle à traverser la rue. La raison derrière cela pourrait être que les Danois donnent beaucoup d'importance à l'espace personnel – ou aux stylos.)

Alors, pourquoi y a-t-il tant de bonté dans une ville aussi bondée que Rio ?

Projet bonheur

Ne demandez pas, aidez !

Sautez l'étape du « N'hésite pas à me dire si je peux/nous pouvons faire quelque chose ». Vous savez quoi faire.

Un après-midi quand j'étais au lycée, je suis rentré chez moi et j'ai vu notre voisin Niels en train de pelleter du gravier dans son allée. J'ai attrapé une pelle et je l'ai rejoint. C'était évident qu'un coup de main serait utile ; pas besoin que je lui demande. Plusieurs années plus tard, ma mère est décédée et, quelques jours après, Niels et sa femme Rita ont sonné à ma porte : « Viens dîner avec nous ce soir. » C'était ce genre de voisinage. Pas besoin de demander aux gens s'ils avaient besoin de quelque chose, on répondait juste à leur besoin. Le fond de tout cela, c'est que, parfois, il n'y a aucune raison de demander à une personne si elle a besoin d'aide ; il suffit d'aider.

Dans un article paru dans *American Scientist*, le psychologue social Aroldo Rodrigues, un collègue de Levine à l'université de Californie, explique que c'est peut-être à cause du langage et de la culture : « Il y a un mot important au Brésil : *simpático*. Il fait référence à toute une gamme de qualités sociales recherchées : être quelqu'un d'amical, sympathique, plaisant et aimable, avec qui il est agréable de se trouver et qu'il est bon de fréquenter. C'est une qualité sociale. Les Brésiliens veulent être perçus comme *simpáticos*. Et faire un effort pour aider des inconnus fait partie de la panoplie. » L'importance d'être *simpático* pourrait aussi expliquer les niveaux élevés de bonté dans les villes hispaniques comme San José, Mexico ou Madrid.

L'étude a également démontré que dans les sociétés où on marche très vite, les gens offrent leur aide mais d'une manière moins gentille. À Rio, les gens suivent la personne qui a fait tomber son stylo pour le lui rendre. À New York, les gens vous crient que votre stylo est tombé mais continuent de marcher.

Pour Robert Levine, il n'est pas du tout logique que les habitants de New York soient d'une nature moins bonne que ceux de Kolkata. Ce qui semble avoir de l'importance, c'est ce qu'on nous enseigne, et comment les autres réagissent. À une époque où de plus en plus de gens vont vivre en zone urbaine, il s'agit de trouver des solutions pour être tous un peu plus gentils, même si nos villes sont de plus en plus densément peuplées.

Bonne volonté des gens à aider des inconnus

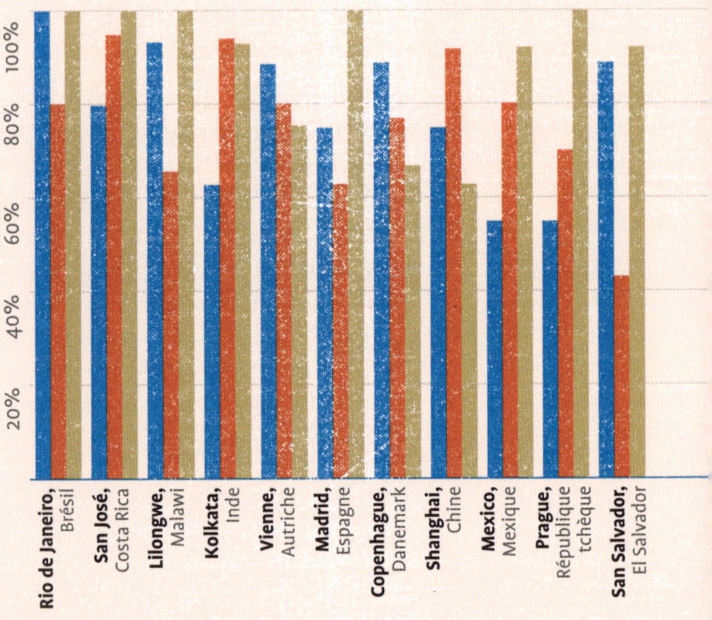

Source : Robert Levine, « La bonté des inconnus : la bonne volonté des gens à aider quelqu'un lors d'une rencontre due au hasard dans une rue de la ville varie considérablement dans le monde », *American Scientist*, 2003

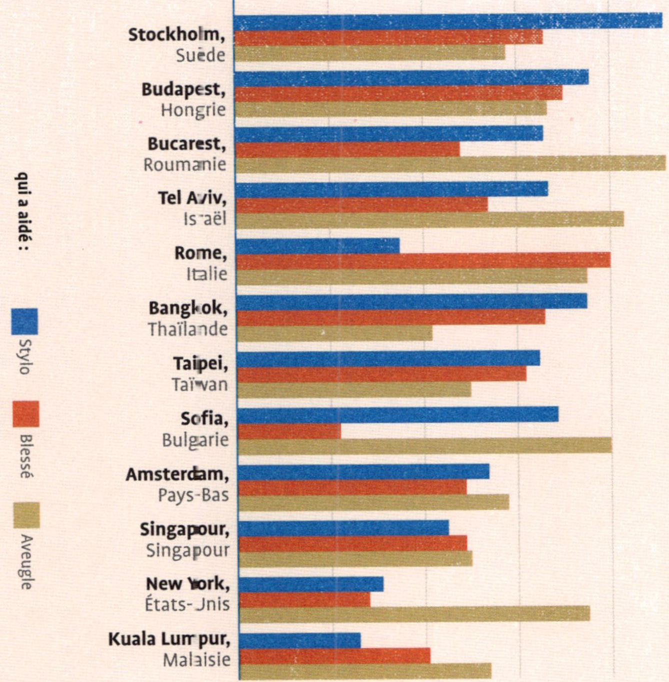

Stockholm, Suède
Budapest, Hongrie
Bucarest, Roumanie
Tel Aviv, Israël
Rome, Italie
Bangkok, Thaïlande
Taipei, Taïwan
Sofia, Bulgarie
Amsterdam, Pays-Bas
Singapour, Singapour
New York, États-Unis
Kuala Lumpur, Malaisie
qui a aidé :
Stylo
Blessé
Aveugle

« Putain de sympas »

« Les gens les plus heureux de la planète habitent au Danemark. Vous pourriez penser que, parce que nous sommes les plus heureux, nous sommes aussi les plus sympas. Eh bien pas du tout. »

Lars est le fils d'un Américain et d'une Danoise, et fondateur du mouvement « Fucking Flink ». *Flink* est le mot danois pour « sympa ».

En 2010, il a publié le livre *Fucking Flink – How Do the Happiest People in the World Also become the Fucking Friendliest?* C'est une sorte de « manifeste de la gentillesse » conçu pour inciter les Danois à être plus amicaux dans leur vie quotidienne.

Il ne prône pas l'augmentation des « Comment allez-vous ? », « S'il vous plaît » ou « Merci ». Ce qu'il cherche, c'est ce qu'il appelle de la gentillesse authentique. Lars est une des personnes les plus sympas que je connaisse. Nous nous sommes vus plusieurs fois ces dernières années et, à chaque fois, nos rencontres me mettent de bonne humeur.

Dans le cadre d'une expérience, Lars a fait semblant d'être un préposé au stationnement mais, au lieu de donner des PV, il posait des diplômes sur les pare-brise des voitures garées avec considération pour les autres.

Il savait qu'un livre n'allait pas transformer une nation d'anciens Vikings brutaux en champions de la gentillesse, alors il a créé une page Facebook sur laquelle les internautes pouvaient partager les histoires de gens qui faisaient des trucs gentils.

En 2012, c'est devenu la page Facebook à la plus forte croissance au Danemark, et elle compte actuellement 200 000 membres ; pas mal pour un pays de 5,5 millions d'habitants.

« J'étais dans un supermarché de Rantzausgade à Copenhague et j'ai remarqué un couple avec leur fils. Il devait avoir environ 8 ans, et il était trisomique. J'ai fini de remplir mon panier, je suis allé en caisse et j'ai découvert le caissier du côté du client, et à sa place, assis sur son siège, se trouvait le petit garçon trisomique, avec le plus grand sourire du monde sur le visage. Il scanne les produits de ses parents. “Avez-vous besoin d'autre chose ?” leur demande-t-il. Une fois que les parents ont payé, leur fils leur tend le ticket de caisse et tape dans la main du caissier. J'ai quitté le supermarché avec un sourire gigantesque et une sensation de chaleur intérieure. Je suis tellement heureux qu'il existe des gens si gentils qu'ils prennent le temps de faire ce genre de choses pour les autres. »

C'est seulement une parmi les milliers d'histoires qui ont été partagées, pour inspirer d'autres personnes à être gentilles et faire toujours plus de bien : des gens qui en ramènent d'autres chez eux en voiture, des enfants qui offrent leurs jouets à d'autres enfants qui ont l'air tristes, et des gens qui racontent avoir trouvé, dans la salle d'attente de leur médecin, de la laine, des aiguilles et une demi-écharpe tricotée avec un petit mot : « Pourquoi ne pas tricoter pendant votre attente ? Quand l'écharpe sera finie, nous l'offrirons à une personne sans abri. »

L'an dernier, Lars et son équipe ont mené une expérience pour explorer les effets de la gentillesse. Les 981 participants ont été divisés aléatoirement en deux groupes. Le premier continuait de se comporter comme d'habitude, et le deuxième devait faire une chose gentille chaque jour pendant une semaine. Les résultats ont montré que les personnes qui avaient réalisé des actes de bonté se sentaient moins en colère, plus énergiques et riaient plus.

Les participants ont aussi mis par écrit leurs bonnes actions. Une femme dans la quarantaine a noté : « La caissière au supermarché a été vraiment surprise quand je lui ai offert un *flødebolle* (un chou à la crème recouvert de chocolat). C'était génial. Elle a accepté. J'étais avec mes enfants, qui ont 6 et 10 ans, et une fois sortis du supermarché, ils m'ont dit : “C'était super, maman. On peut le refaire ?” J'ai eu l'impression d'avoir semé une graine importante chez mes enfants ce jour-là. »

Lars n'est pas le seul à essayer de rendre le monde plus gentil et plus heureux. Au Royaume-Uni, l'association Action for Happiness[1] soutient la bonté, considérée comme l'une des clés pour une vie plus heureuse et aux États-Unis la Fondation Random Acts of Kindness[2] encourage à devenir « RAKtivist » (Random Acts of Kindness Activist), un genre d'ambassadeur de la gentillesse. Je pense que la plupart d'entre nous aimeraient aider, mais que nous ne savons pas toujours bien comment.

Il existe aussi d'autres plates-formes qui nous aident à aider les autres.

Be My Eyes[3] est une application danoise qui relie les personnes aveugles ou malvoyantes avec des personnes voyantes de partout dans le monde grâce à une connexion vidéo en direct. C'est gratuit, et accessible à tous. Est-ce que cette conserve contient du maïs ou des haricots ? Les aidants aident à faire la distinction entre les produits, à associer ou expliquer les couleurs, à trouver des objets perdus ou à dire si les lumières sont allumées ou non. L'application relie des gens selon leur langue et leur fuseau horaire, donc si vous avez besoin d'aide à 4 heures du matin, vous n'avez pas à vous inquiéter de réveiller quelqu'un.

Cette appli est utilisée dans 150 pays, et plus de 35 000 aveugles ou malvoyants sont assistés par plus de 500 000 aidants voyants. En d'autres termes, pour chaque personne en demande d'aide, 14 personnes sont prêtes à aider. Cela montre mieux à quel point les gens veulent aider si on leur offre les outils pour le faire, si on rend la chose personnelle et si on les met en relation avec ceux qui en ont besoin.

---

1. Littéralement, « Action pour le bonheur ». *(N.d.I.T.)*
2. Littéralement, « Actes de Bonté au Hasard ». *(N.d.I.T.)*
3. Littéralement, « Soyez mes yeux ». *(N.d.I.T.)*

Projet bonheur

Devenez un activiste du bonheur – un « RAKtivist »

Mettez-vous aux actes de bonté au hasard[1]

Inscrivez-vous sur le site randomactsofkindness.org et devenez un membre de cette communauté mondiale de la bonté, ou rejoignez une communauté locale de gentillesse comme le mouvement Fucking Flink (fuckingflink.dk) au Danemark. Commencez petit : offrez un compliment (sincère), aidez un touriste à trouver son chemin, donnez un livre que vous avez aimé, dites ce que vous ressentez à quelqu'un qui compte beaucoup pour vous.

1. En anglais, « Random Acts of Kindness » ou « RAK ».

La bonté

The Free Help Guy

Londres, Royaume-Uni : un anonyme prêt à rendre (presque) tous les services possibles gratuitement a trouvé un sens à sa vie et son bonheur en retour. Apprenez-en plus p. 238.

Le Projet La Compassion en Cadeau

Hyderabad, Inde : des élèves d'écoles riches et pauvres sont mis en binôme et s'échangent des cadeaux faits à la main pour faire tomber les barrières sociales.

De l'aide pour les sans-abri

Varsovie, Pologne : dans un chiffonnier qui ressemble à un pilier, les personnes sans abri ont leur propre boîte, sur laquelle ils écrivent ce dont ils ont le plus besoin. Des passants au grand cœur peuvent alors déposer ces choses-là dans la boîte.

Nourrir le meilleur ami de l'homme – et réduire les déchets

Istanbul, Turquie : pour éviter aux chiens errants de souffrir de la faim, la compagnie turque Pugedon a inventé un distributeur qui délivre de l'alimentation canine en échange de bouteilles. Quand une personne dépose une bouteille en haut, l'aliment sort par le bas. Les boîtes de recyclage intelligent ne coûtent rien à la ville et les bouteilles recyclées couvrent le coût des aliments.

Les visages les plus sympathiques

Malaga, Espagne : l'Institut de recherche sur le bonheur a étudié la fréquence des sourires dans les rues de plus de vingt villes du monde, et Malaga est arrivée première du classement. Apprenez-en plus p. 254.

Les plus gentils inconnus

Rio de Janeiro, Brésil : des expériences menées afin de découvrir qui est susceptible d'aider un inconnu à ramasser un stylo ou une personne aveugle à traverser la rue ont élu les Brésiliens citoyens les plus gentils du monde. Apprenez-en plus p. 260.

Chapitre 9

Assembler les pièces

Assembler les pièces

« Nous adorons nous plaindre. »

Je donnais une conférence à l'Université catholique de Lille, et une personne dans le public avait une réponse à l'énigme suivante : pourquoi la France est-elle si bas dans les classements du bonheur ?

« Les Français adorent se plaindre », a-t-il répété.

« Je suppose que nous pourrions essayer de quantifier cela », ai-je répondu, en commençant à imaginer comment des expériences sur le fait de se plaindre pourraient se dérouler dans un labo. Servir de la soupe sans sel à des gens et mesurer le nombre de bols renvoyés ? Malheureusement, aucune étude de ce genre n'a été menée. Pas encore.

Néanmoins, quelques semaines plus tard, un Estonien m'a dit : « Nous avons un superbe pays à bien des égards, mais nous autres Estoniens, nous adorons nous plaindre. » Six mois après, une autre personne me dit : « Nous sommes portugais. Nous adorons nous plaindre. »

Peut-être que se plaindre n'est pas un truc français, ou estonien, ou encore portugais ; peut-être que c'est un truc humain. Nous aimons tous nous plaindre.

Il devrait exister un mot pour « la joie de se plaindre », alors inventons-en un : *Beschwerdefreude*. Évidemment, il doit être allemand, une langue qui non seulement nous a offert des mots comme *Weltschmerz* (ce qui signifie littéralement « douleur du monde », une tristesse causée par l'état du monde) et *Schadenfreude* (la joie ressentie quand d'autres souffrent) mais qui a aussi un mot pour parler d'un cadeau offert en guise d'excuse (*Drachenfutter* – littéralement, « fourrage pour dragon ») et ce sentiment qu'on

ressent quand on vieillit et qu'on craint de voir les occasions s'envoler (*Torschlusspanik*), et *Kopfkino* (littéralement, « cinéma de tête », le fait de se jouer un scénario complet dans la tête).

Mais pourquoi avons-nous alors tendance à nous concentrer sur le négatif ? Peut-être parce que ça nous fait paraître plus intelligents. Dans son étude « Brillants mais cruels », Teresa Amabile, professeur

à la Harvard Business School, a demandé à des gens d'évaluer l'intelligence de critiques de livres en utilisant des articles parus dans le *New York Times*. Elle a légèrement modifié les critiques, en créant pour chacune deux versions : une positive et une négative. Elle n'a procédé qu'à de petites variations, transformant par exemple « inspiré » par « peu inspiré » ou « compétent » par « incompétent ».

Une critique positive dirait : « En 128 pages inspirées, Alvin Harter, avec sa première œuvre de fiction, prouve qu'il est un jeune auteur américain extrêmement compétent. *Une aube plus longue* est une novella – un poème en prose, si vous préférez – à l'impact considérable. Il traite de sujets élémentaires – la vie, l'amour, la mort – et y parvient avec une telle intensité qu'il touche des sommets d'écriture sublime à chaque page. »

Alors qu'une critique négative dirait : « En 128 pages peu inspirées, Alvin Harter, avec sa première œuvre de fiction, prouve qu'il est un jeune auteur américain extrêmement incompétent. *Une aube plus longue* est une novella – un poème en prose, si vous préférez – à l'impact négligeable. Il traite de sujets élémentaires – la vie, l'amour, la mort – et y parvient avec si peu d'intensité qu'il touche des gouffres d'écriture nulle à chaque page. »

La moitié des personnes interrogées ont lu la première critique, et l'autre moitié la seconde, et chacun devait évaluer l'intelligence et l'expertise du critique littéraire. Même si les critiques étaient quasiment identiques – la seule différence résidant dans leur caractère positif ou négatif – les participants ont estimé que les auteurs de critiques négatives étaient 14 % plus intelligents et 16 % plus experts en littérature. Le Pr Amabile écrit que « les prophètes de mauvais augure apparaissent comme sages et visionnaires ». N'importe qui peut dire quelque chose de gentil ; mais il faut un expert pour critiquer.

Alors, peut-être que nous nous plaignons pour paraître plus intelligents, mais nous serions également programmés pour ne voir que le négatif ou les événements malheureux pour des raisons évolutionnistes. Les espèces qui se souviennent le mieux des incidents qui les ont mises en danger auraient de meilleures chances de survie. Par exemple, croiser le chemin d'un tigre aux dents de sabre = mauvaise nouvelle. La plupart d'entre nous se souviennent bien plus des critiques que des compliments. Je me débrouillais bien à l'école, mais la seule phrase d'un enseignant que je me rappelle mot pour mot est celle de mon prof d'éducation physique qui m'a dit que je n'avais absolument aucun talent pour le sport. Un prof d'éducation physique = mauvaise nouvelle.

... Peut-être sommes-nous négatifs parce que ça nous fait paraître plus intelligents.

Collecter et relier les pièces

Je comprends que se souvenir du positif, se concentrer sur le positif et trouver ce qui fonctionne pour nous ne vient pas naturellement.

Et je me rends compte que faire ces choses peut me faire passer pour un idiot. Mais pour moi, il serait idiot de ne pas remarquer quand un homme transforme la bonté en bonheur ou quand une femme découvre un bien-être au-delà de la richesse matérielle. Et une fois que nous avons rassemblé suffisamment de preuves, nous pouvons commencer à voir les liens entre tous ces éléments.

Ces sortes de gentillesse nourrissent un esprit de confiance et de coopération. Construire un potager commun peut améliorer notre santé aussi bien que notre sentiment d'appartenance.

La liberté, c'est d'organiser nos vies afin que notre bonheur ne dépende pas de combien nous gagnons. Tous les facteurs qui expliquent pourquoi certaines personnes sont plus heureuses que d'autres sont liés. Je crois que si nous assemblons ces pièces, nous ferions bien plus qu'écrire un chapitre plus heureux de nos vies : nous pourrions construire un avenir meilleur pour ceux qui nous suivront.

Certains endroits ont déjà assemblé les pièces, que ce soit en connaissance de cause ou par hasard. Un de ces lieux est Todmorden dans le Yorkshire. Jusqu'à récemment, il n'y avait rien d'inhabituel au sujet de cette ville. 50 000 personnes y habitent, la révolution industrielle est bel et bien passée.

Mais il y a une dizaine d'années, un groupe de citoyens a allumé l'étincelle d'une révolution. L'un d'entre eux était Pam Warhurst, une femme d'affaires et ancienne tête du conseil municipal de Todmorden.

« Nous avons demandé : “Qui est partant pour changer le monde avec de la nourriture locale ?” Et nous nous sommes réunis dans un café. Soixante personnes sont venues. Après une courte discussion, quelqu’un s’est levé et a dit : “Faisons-le. Nous pouvons cultiver. Nous pouvons partager. Nous pouvons cuisiner. Pas besoin d’écrire un rapport sur le sujet ou d’en parler davantage. Faisons-le, c’est tout.” Et toute la salle s’est enflammée. À partir de cet instant, je savais qu’on tenait quelque chose. »

Et c’est ainsi qu’est né Incredible Edible[1].

Aujourd’hui, les massifs de plantes, les arbres fruitiers et les carrés potagers semblent occuper chaque recoin disponible de la ville. Devant le commissariat, la caserne des pompiers, les parkings, la gare, le cimetière. Oui, le cimetière ; il paraît que le sol y est particulièrement fertile.

Le message est le même pour tout le monde : servez-vous, c’est gratuit.

Chaque école fait pousser des légumes et des fruits. Les enfants ont participé à la construction d’un potager à côté de l’école, et on y enseigne maintenant l’agriculture. Cette initiative est en train de changer la façon dont les enfants voient la nourriture et la santé. Ils appellent ça de la propagande potagère. Ils ont découvert une langue qui les rassemble tous : une langue qui traverse les âges, les genres et les cultures.

Tout le monde a besoin de manger. Il s’agit de nourriture, bien sûr, mais aussi de trouver un socle commun à tous, et qui permet à tous de se ressembler. Parler de nourriture, c’est juste un moyen simple d’unir les gens. Ils voulaient faire quelque chose, mais sans vraiment savoir quoi.

À Todmorden, tout le monde peut participer à ce projet. Leur devise est : « Si tu manges, tu peux en être. » Certains s’occupent du jardinage, d’autres conçoivent les affichages pour les potagers, d’autres encore cuisinent. Vous pouvez y prendre part régulièrement

---

1. Littéralement, en français « Incroyable Comestible ». *(N.d.l.T.)*

ou être un « réserviste » sur une liste : des centaines de personnes sont contactées en cas d'événement exceptionnel ou si des mains supplémentaires sont nécessaires.

Incredible Edible s'appuie sur trois piliers : la communauté, l'éducation et l'entreprise. L'aspect communautaire, c'est la façon dont les gens vivent au quotidien. L'élément éducatif, c'est ce qu'ils apprennent aux enfants à l'école, et les compétences qu'ils peuvent partager et se transmettre entre eux. Le côté entrepreneurial, c'est ce qu'ils font avec l'argent en poche, et les entreprises qu'ils décident de soutenir.

Ils ont mis en place une confiance économique locale et inventé une nouvelle sorte de tourisme : le tourisme potager. Ils ont augmenté la part d'aliments produits localement dans les magasins, et 49 % d'entre eux déclarent que leur chiffre d'affaires a augmenté grâce à Incredible Edible. Ils ont lancé une campagne appelée « Chaque œuf compte », pour encourager les gens à élever des poules et à vendre leurs œufs dans la ville. Une carte sur Internet indique où on peut les trouver. Ils ont commencé avec quatre producteurs locaux, maintenant il y en a plus de soixante.

Qu'il s'agisse des trois piliers ou des six facteurs de bonheur, ils semblent tous se renforcer les uns les autres. Et Todmorden a réussi tout cela sans un seul rapport stratégique, sans un seul centime de soutien public. Et l'initiative s'étend au Royaume-Uni et partout dans le monde.

Dans plus de cent villes, des gens ont cessé de se considérer uniquement comme des consommateurs, et se sont mis à se comporter comme des citoyens. Dans plus de cent villes, des gens repensent la façon dont nous pouvons modeler nos communautés et nos vies. Dans plus de cent villes, des gens prouvent ce que l'anthropologiste Margaret Mead croyait :

> *Ne doutez jamais qu'un petit nombre d'individus réfléchis et engagés puisse changer le monde. C'est même toujours ainsi que cela s'est passé.*

Projet bonheur

Jouez aux Lego

Associez les six facteurs entre eux.

Désormais, vous savez tout ce qu'il faut pour aider les gens, être plus gentil et faire du monde un endroit plus heureux – votre monde, et celui des autres. Associez la bonté aux cinq autres facteurs que nous avons analysés dans ce livre. Pourquoi ne pas essayer avec la convivialité, par exemple : invitez à dîner un nouvel arrivant de votre ville.

Dépensez de l'argent avec bonté : réfléchissez où et pour qui 10 euros de plus pourraient signifier plus de bonheur.

Faites preuves de bonté saine : participez à une course caritative. Offrez à quelqu'un une soirée de liberté en gardant ses enfants ou en cuisinant des plats à mettre au congélateur.

Développez votre confiance en étant cet inconnu bon qui permet à une autre personne de croire qu'il y a encore du bon dans ce monde.

En d'autres termes, commencez à assembler les pièces du puzzle.

Soyez mes yeux

L'objectif de cet ouvrage n'est pas de minimiser les défis auxquels nous faisons face. Je suis profondément conscient des combats menés par beaucoup d'entre nous, de la dureté de notre époque et des enjeux cruciaux d'une immense partie de l'humanité.

Mais nous ne pouvons pas nous permettre de céder à la peur, à la méfiance ou au cynisme. Tout cela ne nous mènera jamais à un monde plus heureux.

Ce qui nous fera avancer, c'est un esprit de confiance et de coopération, et de prendre conscience que nous devons prendre soin les uns des autres. Ce qui nous fera avancer, c'est d'être libérés de la peur et de faire preuve de bonté envers les inconnus. Ce qui nous fera avancer, c'est de remodeler nos villes pour garantir une bonne santé et le bonheur de tous, et supprimer l'étiquette de prix sur la qualité de vie.

Le temps est venu de partir à la recherche du bon en ce monde – et pour cela, j'ai besoin de votre aide.

Mon objectif en écrivant cet ouvrage était de vous emmener à la chasse au trésor, et j'espère que vous serez d'accord pour dire que nous avons découvert ensemble plusieurs coffres au trésor remplis de bonheur. Mais j'espère que vous serez aussi d'accord pour dire qu'il en reste encore tellement à trouver.

Pour cela, j'ai besoin que vous soyez mes yeux, pour poursuivre cette quête du bonheur. Pour prouver que le bon existe vraiment dans ce monde et le mettre en lumière afin que ensemble, nous puissions l'aider à grandir.

Choisissons une interprétation positive de l'expression « Si vous voyez quelque chose, dites quelque chose ». Si vous voyez quelque chose qui augmente votre bonheur, celui de votre communauté ou même du monde dans son ensemble, alors parlez-en, écrivez-le, filmez-le, photographiez-le et partagez-le.

À l'Institut de recherche sur le bonheur, nous allons suivre le hashtag #Look4Lykke sur les réseaux sociaux. Dites-nous ce qui marche en matière d'amélioration de la qualité de vie. Comment les gens et les sociétés ouvrent la voie du bonheur ? Nous cherchons des mini-bibliothèques, des jardins partagés et toutes ces choses qui nous sont encore complètement inconnues. Nous sommes à l'écoute des gens et des idées qui ont un effet positif sur vous et sur notre monde.

Et surtout, trouvez comment vous pouvez avoir un effet positif sur votre monde. Sur notre monde à tous. Nous avons besoin de plus de rêveurs et d'acteurs. Nous avons besoin de plus de créateurs de bonté, de héros du bonheur et de champions du changement.

C'est la vision que chacun d'entre nous doit avoir et entretenir.

De la manière dont avance le monde, certains diront peut-être que c'est un faux espoir, mais il n'y a jamais rien eu de faux concernant l'espoir.

N'oubliez jamais : il n'y a aucun intérêt à être pessimiste ; ce truc ne marche jamais de toute façon.

Crédits photos

p. 13 : © Kostenko Maxim/Shutterstock

p. 16 : © Ty Stange/
Copenhagenmediacenter

p. 18 : © Kay Wiegand/Shutterstock

p. 26 : © D A Barnes/Alamy Stock Photo

p. 35 : © Kristian Pontoppidan Larsen/
recordingsofnature.wordpress.com

p. 37 : © Africa Studio/Shutterstock

p. 41 : © Copenhagenmediacenter

p. 46 : © Ty Stange/
Copenhagenmediacenter

p. 49 : © Watcharin wimanjaturong/
Shutterstock

p. 58 : © Shani Graham/ecoburbia.com

p. 69 : © Rasmus Flindt Pedersen/
Copenhagenmediacenter

p. 79 : © Route66/Shutterstock

p. 83 : © Ekaterina Pokrovsky/
Shutterstock

p. 84 : © Graphic Compressor/
Shutterstock

p. 91 : © PixieMe/Shutterstock

p. 97 : © Monstar Studio/Shutterstock

p. 104 : © adapted from a photo by
Lisovskaya Natalia/Shutterstock

p. 111 : © Alexilena/Shutterstock

p. 112 : © Photo_master2000/
Shutterstock

p. 114 : © James Whitlock/Shutterstock

p. 116 : © Kim Chongkeat/Shutterstock

p. 127 : © Jonathan Nackstrand/
Shutterstock

p. 135 : © Daxiao Productions/
Shutterstock

p. 139 : © Kasper Thye/
Copenhagenmediacenter

p. 141 : © IR Stone/Shutterstock

p. 145 : © Skylines/Shutterstock

p. 148 : © Freebilly/Shutterstock

p. 153 : © Daria Garnik/Shutterstock

p. 163 : © Mapics/Shutterstock

p. 165 : © Rawpixel.com/Shutterstock

p. 168 : © Nataly Dauer/Shutterstock

p. 170 : © Rawpixel.com/Shutterstock

p. 180 : © Purepix/Alamy Stock Photo

p. 183 : © Iravgustin/Shutterstock

p. 195 : © E2dan/Shutterstock

p. 208 : © Tatiana Bobkova/Shutterstock

p. 218 : © Rishiken/Shutterstock

p. 224 : © Studio 72/Shutterstock

p. 233 : © Tim Gainey/Alamy Stock Photo

p. 239 : © All Around Photo/Shutterstock

p. 249 : © Purino/Shutterstock

p. 252 : © Rawpixel.com/Shutterstock

p. 261 : © Marchello74/Shutterstock

p. 269 : © Stanislaw Mikulski/
Shutterstock

p. 276 : © Chainarong06/Shutterstock

p. 278 : © Alastair Wallace / Shutterstock

p. 282 : © G-stockstudio/Shutterstock

p. 287 : © Chris McAndrew

À propos de l'auteur

Meik Wiking est président de l'Institut de recherche sur le bonheur à Copenhague, et l'un des experts mondiaux sur le bonheur les plus reconnus. Engagé dans la compréhension du bonheur, du bien-être subjectif et de la qualité de vie, Meik travaille avec des pays partout dans le monde pour découvrir et explorer les tendances globales en matière de satisfaction dans la vie. Seule une personne entièrement dévouée au bonheur s'installe dans des cafés partout dans le monde pour compter les sourires des gens !

Son premier ouvrage, *Le Livre du Hygge*, est devenu un best-seller mondial disponible dans trente et un pays.

Twitter : @MeikWiking
Instagram : @meikwiking

Remerciements

Merci à Kjartan Andsbjerg, Kirsten Frank, Cindie Unger, Rannvá Pállson Joensen, Maria Risvig, Gabe Rudin, Marie Louise Dornoy, Teis Rasmussen, Michael Mærsk-Møller, Marie Lundby, Lisa Magelund, Morten Tromholt, Michael Birkjær, Johan Jansen, Felicia Öberg, Maria Stahmer Humlum, Marie Lange Hansen, Lydia Kirchner, Jacob Fischer, Vanessa Zaccaria, Isabella Arendt et Xavier Landes.

Embauchez toujours des gens plus intelligents que vous. Pour moi, ces personnes sont faciles à trouver, mais elles sont aussi des personnes remplies de bonté, qui croient en la construction d'un monde meilleur et m'ont aidé à créer ce livre et l'Institut de recherche sur le bonheur.

Composé par Nord Compo
à Villeneuve d'Ascq (59)

Imprimé en France par
ESTIMPRIM
25110 Autechaux

POCKET – 12, avenue d'Italie – 75627 Paris Cedex 13

S22215/01